文明至死

CIVILIZED TO DEATH
THE PRICE OF PROGRESS

进步的代价

[美]
克里斯托弗·瑞安
(Christopher Ryan)
— 著

何文忠 倪雪琪 舒虹怡
— 译

中信出版集团 | 北京

图书在版编目（CIP）数据

文明至死：进步的代价 /（美）克里斯托弗·瑞安著；何文忠，倪雪琪，舒虹怡译 . -- 北京：中信出版社，2023.3

书名原文：Civilized to Death: The Price of Progress

ISBN 978-7-5217-4246-6

Ⅰ.①文… Ⅱ.①克… ②何… ③倪… ④舒… Ⅲ.①世界史-文化史 Ⅳ.①K103

中国版本图书馆CIP数据核字（2022）第063159号

Civilized to Death: The Price of Progress
Copyright © 2019 by Christopher Ryan
Published by arrangement with The Stuart Agency, through The Grayhawk Agency Ltd.
Simplified Chinese edition copyright ©2023 by CITIC Press Corporation
All rights reserved.

文明至死：进步的代价
著者：　[美]克里斯托弗·瑞安
译者：　何文忠　倪雪琪　舒虹怡
出版发行：中信出版集团股份有限公司
（北京市朝阳区东三环北路 27 号嘉铭中心　邮编　100020）
承印者：　北京诚信伟业印刷有限公司

开本：880mm×1230mm　1/32　印张：9.25　字数：200千字
版次：2023年3月第1版　印次：2023年3月第1次印刷
京权图字：01-2020-0225　书号：ISBN 978-7-5217-4246-6
定价：59.00元

版权所有·侵权必究
如有印刷、装订问题，本公司负责调换。
服务热线：400-600-8099
投稿邮箱：author@citicpub.com

献给弗兰克和朱莉

这个友善灵动的野蛮人,他是谁?他是在期待文明,还是已经超越了文明,抑或是正在主宰文明?

——沃尔特·惠特曼

目录

前言
了解人类这一物种
|

第一部分
起源故事

第1章
谈论史前史时,我们在谈论什么
009

第2章
文明及其不和谐
026

第二部分
灾难频发
（当今的永恒进步的叙事）

第 3 章
野蛮的野蛮人的神话
（向和平宣战）
085

第 4 章
非理性乐观派
096

第三部分
古镜映像
（生而为人）

第 5 章
自然主义谬误之谬误
123

第 6 章
生而狂野
127

第 7 章
抚育之苦
139

第 8 章
躁动的青春期
145

第 9 章
焦虑的成年人
156

第四部分
通往未来的史前道路

第 10 章
善终为善
191

第 11 章
神圣的缺位
203

结论
必要的乌托邦
239

致谢
251

注释和扩展阅读
253

前言

了解人类这一物种

你可以说我忘恩负义。我的牙齿里填充了银,冰箱里塞满了手工酿造啤酒,口袋里的随身听有各种各样的音乐。我开着一辆带有巡航控制系统和动力转向系统的日本汽车,车上配备了安全气囊,如果遇到事故,气囊会弹开为我提供缓冲。我戴着一副德国眼镜,镜片在加利福尼亚州的阳光的照射下会变色。我正在计算机上写下这些文字,这台计算机比一本书还要轻薄。我享受朋友们的陪伴,要不是急诊手术挽救了朋友们的性命,我也许已经失去他们了。在父亲生命的最后 17 年中,他的血液是通过移植的肝脏过滤的,移植的肝脏来自一个名叫查克·策纳的人,查克于 2002 年去世。我有太多理由感谢文明的诸多奇迹。

然而,事实并非如此。

1921 年,英国作家吉尔伯特·基思·切斯特顿首次访问美国,晚上东道主带他参观时代广场。切斯特顿静静伫立凝视,随后情形越发尴尬。最后终于有人问他在想什么,切斯特顿回答道:"我在想,如果我不会阅读,这一切会是多么美丽。"

正如切斯特顿那样,我们可以看懂标志,但这并非好事。不停闪烁的广告灯牌正让我们逐渐失去从许多人已知且最为怀疑的事物上分心的能力:我们即将走到这条路的尽头,对进步的信念正像冰川一样消融,而这个信念正是文明的希望和前提。

但是抗生素、飞机、女性权益又如何呢?这些确实是进步。然而,仔细审视后就会发现,许多所谓的文明恩赐不过是对我们已付出的代价的部分补偿,或者说其造成的麻烦与其声称要解决的麻烦相差无几。

例如,大多数传染病疫苗虽然可以保护我们免受疾病的侵害,但事实上,是人类与驯养动物生活在一起之后,病原体才从这些动物身上转移到了人身上,这些传染病才成了严重的问题。流行性感冒、水痘、肺结核、霍乱、心脏病、抑郁症、疟疾、龋齿、大多数癌症以及其他导致人类承受巨大痛苦的主要疾病,都源于文明的某些致命方面,比如驯养动物、城镇人口过于密集、下水道没有密闭、食物被农药污染、微生物组被破坏等。

在飞行这一奇迹诞生后的短短几年内,飞行员用一只手操纵飞机,另一只手则向平民投掷炸弹。此外,只有在最为进步的现代社会中,LGBTQ(性少数群体)才能重新获得大部分觅食社会① 通常所有的接受和尊重。关于进步的报道往往夸大其词,被

---

① 为避免重复,我将交替使用"觅食者"、"狩猎采集者"和"未开化者"。在这些用法中,除非另有说明,否则我指的是人类学家所谓的"即刻归来的狩猎采集者",这些人通常不积攒食物,而是即刻吃掉所发现的食物。

人们不加批判地接受，而任何对文明有所怀疑的人都可能被嘲讽为愤世嫉俗、乌托邦，或两者兼而有之。

阿瑟·米勒指出："一个时代的基本幻想枯竭后，这个时代就被视为结束了。"进步无疑是我们这个时代的基本幻想，但它已被消耗殆尽。渔场枯竭、二氧化碳含量飙升，号称"不会出错"的核电站排放出大量放射性气体，在这样的情况下，反乌托邦情景越发突出。石油涌入海洋，变异病原体击败了最后一种有效抗生素，末日情绪笼罩每个人的心头。每一年都是破纪录的最热的一年，下一场未宣之战的战火从前一年的余烬中燃起，而各政党提名的庸俗政客无法就现实情况达成共识，更不用说如何行动了。尽管我们见证了时代的种种奇迹，但或许在某种程度上正是由于这些奇迹，当今时代才深陷困境。

人们常常设想，一位来自未来的使者会给出明智建议，帮助我们选择最佳的前进道路。但反向思考一下，史前时代的穿越者会如何评价现代世界的状态和发展轨迹？她无疑会对在这里遇到的很多事情印象深刻，然而一旦对手机、航空旅行和自动驾驶汽车的新奇感消退，她又会如何看待我们生活的实质和意义呢？她更多的是敬畏我们的花哨发明，还是会感到沮丧，觉得我们在冲向岌岌可危的未来时抛弃了太多东西？

这个问题看起来并非仅为假设。传教士、探险家、冒险家和人类学家一直对原住民拒绝接受现代文明的舒适和约束而感到困惑和失望。"世界上有如此多的蒙刚果坚果，"一个非洲昆申族（!Kung San）男子说道，"我为什么要学习耕种呢？"本杰明·富兰克林在写给朋友的一封信中指出,印第安人对加入现代文明兴趣不大:"他们从未表现出为我们改变其生活方式的意愿。一个印第安儿童被我们抚养长大,学会了我们的语言,适应了我们的习俗,然而,一旦他回去探望亲戚,与他们一起进行一次印第安式闲聊,我们就不可能说服他回归现代文明了。"富兰克林认为,要是白人孩子体验到印第安人的生活方式(通常是由于被绑架),他们也会更喜欢那种生活。获救后,"很快,他们就对我们的生活方式以及维持这种生活的必要忧虑和辛劳感到厌恶,一有机会就会再度逃入森林"。[1]

查尔斯·达尔文曾目睹向原住民"推销"现代文明有多么艰难。搭乘"小猎犬"号穿过火地岛时,他对居住在美洲最南端寒冷暴风地区的人们的脏乱落后感到惊讶不已。他在给朋友的信中写道:"没有什么比第一次看见野蛮人更让我惊讶的了。那是一个全身赤裸的火地岛人,长发四散,脸上涂满颜料。"达尔文在日记中写道:"我想,即使找遍全世界,也找不出更低等的人了。"[2]

在此前的旅行中,"小猎犬"号船长罗伯特·菲茨罗伊绑架了三个火地岛人,其中有两个孩子,英国人称他们为富吉亚·巴斯克特和杰米·巴顿[3],还有一个年轻人叫约克·米尼斯特。菲茨罗伊认为,带走这三个人是有正当理由的,因为"他们会熟悉我们的习惯和语言,最终得到的益处将弥补他们与故土暂时分离的痛苦"。菲茨罗伊将他们带回了英国,用一年多的时间向他们灌输文明生活——在这段时间他们甚至受到了英国国王威廉四世和王后阿德莱德的接见。在了解了欧洲社会的优越性后,他们与达尔文一起搭乘"小猎犬"号回到了家乡火地岛并与本族人民生活在一起,以宣扬正确文明的生活方式。但将他们放回去仅一年后,当"小猎犬"号再次返回伍拉科夫(如今的达尔文山附近)时,杰米、约克和富吉亚已无处可寻。英国水手为这三个火地岛人建造的小屋和花园里杂草丛生,空无一人。最终,他们发现了杰米,达尔文和菲茨罗伊与他在船上共进晚餐,杰米明确告知他们三人已经放弃了所学的文明之道。达尔文为此悲伤不已,写到自己从未见过"如此彻底而悲哀的变化",以及"看到这样的杰米真令人痛心"。(达尔文指出,杰米并没有忘记如何正确使用刀叉。)菲茨罗伊船长提出带杰米回英国,但被他拒绝了,杰米表示他"丝毫不想回到英国",他对"充足的水果"、"充足的鱼"和"充足的小鸟"十分满足。①

***

卡尔·荣格哀叹我们抛弃过去,这种"无根"的状态让我们"更多地生活在未来及其黄金时代的虚假希望中,而非活在当

---

① 25年后,即1859年末,在《物种起源》出版的几天之内,杰米·巴顿领导袭击了火地岛的一群基督教传教士,造成八人丧生。菲茨罗伊的命运又如何呢?将年轻的查尔斯·达尔文及其革命性思想带回英国后,菲茨罗伊船长首创了天气预报科学,并引发了气象学的一场革命。然而,尽管菲茨罗伊取得了这些科学成就,他仍然是一个虔诚的信徒,《物种起源》的出版令其羞愧不已。

下，我们的整个进化史尚未跟上这一变化"。在《荣格自传：回忆、梦与思考》中，荣格明确表达了自己对人类陷入未来幻想的哀叹："在不充分感、不满和不安的驱动下，我们盲目追求新奇。我们不再依靠所拥有的事物，而是依靠希望，不再立足当下，而是期望未来的黑暗带来真正的日出。我们拒绝承认，所有更好的事物都是以更糟的代价换取的。"在1928年的一篇题为《我们后代在经济上的可能前景》的文章中，著名经济学家约翰·梅纳德·凯恩斯想象过100年后的未来世界。他预言，情况将如此之好，没有人需要担心赚钱的事，人们面临的主要问题是如何消磨大量的空闲时间。凯恩斯写道："自诞生以来，人类将首次面对真实、永恒的问题，如何享用从紧迫的经济忧虑中解脱出来的自由？如何享受科学和复利带来的闲暇时间？"

现在，我们正处于这一期待已久的未来，而普通美国人仍一如既往地感到疲惫和绝望，如今他们的工作时长和1970年一样，无非每年多了几周的休假时间。严格说来，过去几十年全球财富指标都有所提高，但至少在欧洲和美国，几乎所有的剩余财富都流向了最富裕的人群，这进一步拉大了贫富差距。

即便我们当中最幸运的人，过得也没有那么舒服。44%的年收入在4万~10万美元的美国人告诉研究人员，在紧急情况下他们甚至拿不出400美元，27%的年收入高于10万美元的美国人也是如此。[4]全球范围内，1990—2014年GDP（国内生产总值）增长了271%，而同期每天生活费不足5美元的贫困人口却增长了10%，饥饿人口增长了9%。

啊！光明而悠闲的未来总是即将来临。你们认为我太苛刻了吗？进化生物学家斯蒂芬·杰伊·古尔德称，进步的概念是"一个文化内嵌的、不可检验的、不可操作的、难以控制的有毒想法，如果我们希望了解历史的范式，就必须予以取代"。[5] 尽管表述更加圆滑，但美国生理学家贾雷德·戴蒙德也不相信支持进步的宣传，认为"文明"和"文明的崛起"等表述错误地暗示"文明是好的，原始部落的狩猎采集者十分悲惨，过去 13 000 年的进步给人类带来了更多幸福"。戴蒙德并不买账，他写道："我不认为工业国家比狩猎采集部落'更好'，不认为抛弃狩猎采集的生活方式、建立工业国家就代表'进步'，也不认为这会增加人类的幸福感。"[6]

但我听到进步热爱者、真正信仰者抱持着一种不言而喻的观念，那就是作为这个星球上的天选之子，人类通过不断进步日益接近目标，实现我们的夙愿。在某些情况下，我对进步的现实并没有异议，我只是怀疑我们该如何定义和衡量进步。比如，我们常常将进步与适应混为一谈。适应（广义上讲即进化）并不意味着物种在进化过程中变得"更好"，而只是表明物种更加适应环境。尽管"适者"可以生存繁衍，但"适者"这一概念仅在特定的生态环境中存在，并不具备绝对的非语境意义或价值。例如，雄性埃及兀鹫会在脸上涂满粪便，大概是向雌性展示其免疫能力。但这种特殊的展现适应能力的方式对其他物种或许并无效果。

在我看来，我们要么是走向遥远过去的现代化身，要么在走向悬崖峭壁。这些绝望的旅程不过是在寻找一个地方，而这个地方正类似于我们停止采集、开始耕种时所离开的那个家园。我们最迫切的梦想或许只是反映了我们入睡前世界的本来面貌。

长久的舒适让我们的身体变得十分虚弱，我们长时间盯着屏幕，与其融为一体，也许此刻我们正在接近所谓奇点。或许在其他星球殖民能让我们的后代生活在苹果公司、特斯拉和凯撒宫酒店赞助的遥远苍穹中。如果你和凯恩斯一样，希望迎来一个平等充裕的世界，并且有大量空闲时间享受所爱之人的陪伴，那就想想我们祖先曾经享有的与此非常类似的生活状态，直到约一万年前农业出现和所谓"文明"萌芽，我们才不断远离最初的理想状态。如果方向错误，你就不该进步。定义我们年龄的"进步"似乎更接近疾病恶化，而非治愈。文明似乎常以令人眼花缭乱的方式不断加速，就如同垃圾绕着排水沟打转时一样。我们对进步的坚定信念是否只是一种止痛药——以坚信未来的方式对抗细思极恐的现实？

我知道，总有一些疯子警告末日将至，他们总是说："这次不一样！"但实际上，这次真的不一样。类似《我们要完蛋了，现在怎么办》这样的新闻标题占据了主要报纸的版面。[7]地球的气候就像沉没船只上的货物一样在慢慢发生变化。联合国难民事务高级专员的报告指出，2015年末，因战争、冲突和迫害而被迫流离失所的人数已增至令人震惊的6 530万人，而2004年这一数字仅为3 750万。成群的鸟儿从天上坠落死亡，蜜蜂的嗡嗡声正在消失，蝴蝶的迁徙已经停止，主要洋流正在减缓流动。自

6 500万年前恐龙灭绝以来，地球上的生物种类正以前所未有的速度灭绝。有得克萨斯州般大小的"塑料汤"漩涡令酸化的海洋窒息，而淡水含水层则被抽干。随着大量甲烷从海底涌出，冰盖纷纷融化，加速了全球毁灭的循环。而政府却无动于衷，放任华尔街从中产阶级的尸体上搜刮尽最后一点财富，放任能源公司压裂大地，让秘密的有毒物质渗入我们赖以生存但不知如何保护的含水层中。难怪抑郁症是世界上身心残疾的主要原因，并且还在迅速恶化。

情况既令人震惊，又让人忧心，但这本不足为奇。地球曾经存在的文明已经坍塌，陷入混乱和困惑，有什么理由认为我们这个文明会成为例外？但区别的确存在：古罗马、苏美尔、玛雅、古埃及、复活节岛和其他文明的崩溃是区域性的，而我们周围正在崩溃的文明却是全球性的。正如加拿大历史学家罗纳德·赖特所说："每一次历史重演，代价都会增加。"[8]

也许你认为世界末日并非问题所在。贝多芬晚期四重奏的崇高之美，从太空拍摄的地球照片或DNA（脱氧核糖核酸）结构的知识也许值得你付出任何代价，甚至值得我们和地球上其他生物正在付出的来世代价。也许你的生命或所爱之人的生命得到了医学技术的拯救——如果你不全力拥护进步，反而会令人困惑和反感。也许你相信，聪明、正派的人自发组织的联盟将找到一种方法，让纠正性模因像病毒一样大肆传播——用某些该死的常识快速感染我们这个物种。

当今时代的奇迹是否值得付出如此高昂的代价？这是我们每

个人最终都必须亲自回答的一个问题。但在开始回答这一关键问题前，我们必须先揭下几个世纪以来支持进步宣传的面纱，以便完成这两件事：更加充分地了解文明及其代价和牺牲者，并认真思考"现代奇迹"实际带给了我们多少意义和满足。如果一切都如此神奇，那么为什么还有许多人并不幸福？

人们普遍认为，未开化者的生活过去是并且现在仍是一种绝望的生存斗争，这与过去几个世纪常见的对未开化的"野蛮人"的傲慢态度相呼应。但这一看法极不准确，且带有种族主义色彩，此外，这种观点目前还产生了灾难性后果。攸关生死的医疗决策受到了对人体能力错误假设的误导，人际关系达不到那些不切实际的期望，基于错误人性观念的法律制度造成了其原本希望避免的痛苦，教育体制抑制了学生的好奇天性，诸如此类，不胜枚举。确实，我们生活（以及死亡）的几乎每个方面，都因对智人的误解而扭曲。

因发明脊髓灰质炎疫苗而闻名的乔纳斯·索尔克博士曾经表示："如果我们要理解并帮助人类发展智慧，从而使其过上一种理想而充实的生活，那么现在不仅有必要'认识你自己'，还有必要'了解人类这一物种'，理解自然的'智慧'，尤其是真实的自然。"[9]

然而，我们中有多少人了解人类这一物种，并且足够了解自己呢？几个世纪以来，我们一直受到关于人类过去、现在和将来错误认知的影响。由此产生的困惑阻碍了我们为"理想而充实"的生活所做的努力。谎言重复多次后，与我们头脑中的这些信念已无法区分：

文明是人类最大的成就。进步是不可否认的。生活在此时此地，你很幸运。任何疑问、绝望或失望都是你自己的过错。克服它们。远离它们。吃药，别再抱怨。

确切地说，我对"高贵的野蛮人"或"回到采集时代"不抱任何幻想。从某种程度上讲，野蛮人是或曾经是高贵的，我们会发现这是由于他们的社会因倡导慷慨、诚信和相互尊重而繁荣——这些价值观仍为多数现代人所珍视并非偶然。一些具体的生存原因使高度相互依赖的狩猎采集祖先重视这些价值观和人格特征，并且由于女性视这些人格特征为男性的诱人特质，所以通过性别选择使这些品质在进化中得以进一步传播。至于天堂，它早已铺就。我们走得太远，已经无法回头。人口数量早已超越狩猎采集方式的承载能力，大多数原始社会的人口密度要求是每平方英里①居住的人口不到一人。无论如何，我们不再是史前祖先那般的野蛮存在。我们已经失去了太多知识和生理训练，无法在星空下舒适地生活。如果说我们的祖先是狼或土狼，那么现在我们大多数人则更接近哈巴狗或贵宾犬。

几年前，我偶然在印度尼西亚苏门答腊岛的武吉丁宜发现了世界上最悲哀的动物园。这个动物园不过是一堆阴森可怕的混凝土笼子，里面困着一些憔悴的猩猩。我永远不会忘记，它们从生锈的铁栅栏后向我伸手，乞求自由、抚摸，甚至死亡时的眼

---

① 1平方英里≈2.6平方千米。——编者注

神……目睹了这些动物遭受的痛苦（有时也称为"动物精神病"）后，几十年来，我再也没有走进动物园。最终，一位朋友说服我去参观了加利福尼亚州圣迭戈动物园的倭黑猩猩。把武吉丁宜和圣迭戈的那两个地方都称为"动物园"，只是突出了语言的贫乏。无论你如何看待被圈养的动物，圣迭戈动物园反映的都是一种强烈的愿望，即创造一个尽可能与每一个物种的进化环境都相似的人工世界。设计围墙的人显然研究过生活在这里的动物的自然环境和行为，通过重建原生栖息地，在动物园内构建模拟的野生环境。

很难确定在动物界，让智人脱颖而出的是哪一因素。之前猜想错误的因素非常多，包括使用工具、栽培其他植物作为食物、非生殖性行为、性行为时的眼神交流、组织性的群体冲突以及知识的代际传播。我的看法则是：我们是唯一生活在自主设计的动物园中的物种。每一天，我们都在创造自己和后人将要居住的世界。如果我们希望世界更像较为自然的圣迭戈动物园，而非武吉丁宜动物园那般的窒息之处，我们需要更为清楚地了解，在祖先被关进笼子前人类生活曾经的面貌。我们需要了解人类这一物种。

第一部分 起源故事

我们投身进步的洪流，被其越来越粗暴的力量席卷向未来，离我们的根源越来越远。

——卡尔·荣格

本书讲述了一个故事（就是你耳熟能详的那个故事）的故事。在文明出现之前，在我们祖先将赭石颜料涂到洞穴岩壁上之前，甚至在他们能控制用火之前，他们就被故事迷住了。故事，人类的第一个发明，如今仍然最为强大。讲故事的人创造了这个世界。

我曾误解了故事的关键部分。有些人曾让我感到困惑，他们嘴上说着冷酷和残忍，然后了然地点点头，再说上一句:"嗯,这是一个 doggy-dog[①]的世界。"我和他们一起点了点头,但是我内心想道:"我不清楚。我觉得'doggy-dog 的世界'听起来不错。"后来,我在论文中误用了这个词,老师笑出了眼泪,对我解释说,其实应该是"dog-eat-dog 的世界"。

虽然我们讲述过去的故事,但是通常我们讲的故事决定了未来会发生什么。叙事之所以成为范式,是因为起源故事既具有解释性,又具有预测性和约束性。显示了我们来处的地图界定了我们的去处。如果你的故事和受迫害有关,那么你的余生都将过着受害者一般的生活。如果故事提到你的种族比其他种族都优越,那么证明其他种族落后的证据好像就会显得充足而明显。如果想要了解一段恋情的前景,就去问问这对情侣是如何认识的。他们讲的故事是与友善、相互尊重和喜悦渐行渐远还是渐行渐近呢?如果这个故事讲述的是深陷权力斗争的死敌,那么结尾就永远不会是"从此过上了幸福的生活"。

这个故事我们都听过,说的是我们是谁以及我们来自何处:

我们是史前祖先的后代,他们的生活就是不断与饥饿、疾病、野兽还有彼此做斗争。只有最强大、最聪明、思虑最多、

[①] 此处的"doggy-dog"是误用,这个词其实是"dog-eat-dog"(狗咬狗,形容残酷无情的竞争),作者想表达他当时听别人说这个词时听错了,因为"dog-eat-dog"读快了听起来就像"doggy-dog",而作者误认为"doggy-dog"表达的意思是"温和的、仁慈的",所以作者前面说他"误解了故事的关键部分"。——译者注

最冷酷的人才能生存下来，将自己的基因延续下去——然而，这些幸运儿也只能活到35岁左右。然后，大约在一万年前，一些名字早已被遗忘的天才发明了农业，并将我们这个物种从野外的绝境带入了文明的富饶、休闲、精致和丰裕中。尽管偶尔有挫折，但此后情况一直在好转。

1651年，托马斯·霍布斯将国家出现之前的人类生活描述为孤独的、贫穷的、肮脏的、野蛮的和短暂的。三个半世纪后，这种说法在英语世界中仍然广为流传，一直以来这种对我们文明史之前的生活的"霍布斯式看法"，都是文明故事的中心前提。这种永恒进步的叙事（Narrative of Perpetual Progress）声称解释了文明的优越性，认为文明的优越性是理所当然的。由于对"进步"的信仰不过是用另一种方式表明现在确实比过去更好，所以进步变成了信仰，如果有人质疑它，那一定会使信众怒火中烧。但是，这种永恒进步的叙事肯定会像污染空气、水和土壤一样，毒害我们的头脑、身体和人际关系。它是在为几千年的奴隶制度和数百年的殖民主义辩护，使我们对自己和他人产生深深的怀疑，对我们的身体感到耻辱和厌恶，对所谓"会伤害我们的自然界"产生无端的恐惧和敌意。它坚持认为，我们应该感恩自己取得的所有进步，因为当下的生活就是最幸福的。

这个意思很清楚，即你的任何不满或绝望一定是自己的错误造成的——绝不能怪罪于你身处的文明。你工作不够努力，没有买对产品，没有服用对症的补品，没有遵循合适的运动养生法，没有开合适的汽车或者喝足够的水。

最近《科学美国人》杂志上，有一篇文章举了这些新霍布斯式假设的一个典型例子，警告称"我们的祖先与大自然的相处并不和谐。大自然试图杀死他们，饿死他们"。[1] 明白了吗？大自然憎恨人类！2014年出版的《现实主义者的乌托邦》开头写道："我们先复习一下历史：过去，一切都更糟。在大约99%的世界历史中，99%的人类都是贫穷的、饥饿的、肮脏的、恐惧的、愚蠢的、病恹恹且丑陋的。"[2] 丑陋吗？商业内幕网站最近发表了一篇文章，开头写道："人类始终在创新中前进，通过创新改善全球生活质量……技术进步使工人一天内能完成更多工作，从而提高生产率。这有助于增加产量，促进经济增长。"[3] 这样的例子比比皆是，它们都讲述着相同的故事：过去的一切都比现在糟糕。多亏了文明，我们这个物种的状况才变得越来越好，并且还在不断改善。

请注意，霍布斯的著名说法，既贬低了人们在国家出现之前的外部生活条件，也贬低了野蛮人的内在品质。根据这个故事，我们的祖先是可怕的、绝望的生物，过着可怕的、绝望的生活。这种认为人性趋向下流、野蛮以及猜疑，只能被集权机构的"文明"教化规正的想法，与原罪这个概念极为相似，却被重新包装成科学。与原罪一样，所有人生来都有心理负担：羞耻、自我厌恶和怀疑。这种有害的废话会自我复制和自我实现：由于我们被不断灌输这种有害的信念，被诱导相信智人（我们自己）是一种怎样的生物，我们发现自己的所作所为真的就像他们口中讨厌的野蛮人一样。为了摆脱使我们的内在和外在一直冲突的行为和信念，有必要重新审视永恒进步的叙事，因为这种叙事夸大了文明的好处，忽略了人类为文明所付出的许多代价，甚至将对礼貌的质疑视为亵渎。

本书第一章会概述我们祖先的实际生活。在后面的章节中，我将介绍永恒进步的叙事给出的错误世界观是如何对现代生活造成创伤、混乱和痛苦的。第四章会讲述一个更准确的全新起源故事，这个故事的结局比永恒进步的叙事给出的结局要快乐得多。如果我们学会讲正确的故事，那么我们可能确实会发现，我们的未来不会是"竞争激烈的"，而会是"仁慈的"。

第 1 章

谈论史前史时,我们在谈论什么

虽然我们从未见过面,但是都很了解对方。我们每个人都很清楚,什么能使对方高兴或悲伤、健康或不适、好斗或温和。对我们不清楚的方面,我们也有合理的猜想:哪种食物会使我们垂涎欲滴?哪些性幻想最可能使我们心猿意马?什么声音模式可以安抚我们或使我们翩翩起舞?我们想要保持健康需要做什么运动、运动多久?我们对政治和灵性有何不满?我们的预期寿命有多长?他们说:"告诉我你来自哪里,我会告诉你你是谁。"好吧,我来自非洲,至少 30 万年前是。你也是。

如果你对某些关于史前史的言之凿凿的描述(包括我的描述)有所怀疑,那么你是个很明智的人。不过,有几个渠道确实可以让我们窥见我们这个物种遥远的过去,十分可靠。与狩猎采集者首次接触的记录以及人类学研究表明,近代和当代的狩猎采集社会极为相似。由于身处不同环境的狩猎采集者的行为方式都极为相似,所以大多数理论家都认为这些一致性是结构性的，这是觅食者与物质环境关联的必然结果，这种关联在科学出现之前没有改变过。

有人反对这种推理方式，认为这侮辱了当代觅食者，将其贬低成"原始人"，并且忘记了一个毋庸置疑的事实：今天活着的任何人（包括当代觅食者）的进化程度都和你我一样。尽管这一观点有其本身的合理性，但并不影响我们通过现代觅食者做出推断，更好地了解与之采用类似方式对待环境的史前人。这种推理方式并不奇怪，就像100多年前的棒球运动员和如今的棒球运动员在球场上的战略规划和互动方式有共同点一样。当然，我们尚不了解他们的动机和内心活动，不过只要我们确定他们多多少少遵循着相同的规则，就可以放心地推断出一些他们共同的狩猎方式。

此外，没有明确证据表明觅食者的生活方式比其他生活方式（包括我们的生活方式）更落后或更糟糕，这种生活方式持续了数十万年，肯定更具可持续性。我并不赞同那种随处可见的假设，即21世纪使用科技的人类站在了生物进化的巅峰，或者我们这个物种最接近未来的高级状态，离充满了动物般痛苦和绝望的过去越来越远了。正如本书书名所表明的那样，实际上我对这种假设深表怀疑。当今的觅食者也一样在进化，但他们与环境的许多互动方式几万年来都没有太大变化。自前农业时代以来，南至澳大利亚沙漠、北至北极圈的当代觅食者，大多数日常活动都没有发生太多改变，包括如何狩猎、采集、准备食物、建造家园、集体做决定、解决冲突、教育子女等。

如果你认为这个结论对觅食者来说是一种侮辱,那是因为你认为其文化稳定性损害了其生活质量,而现有证据均不支持这种看法。

人体及人体的许多解剖学和生理学特征是了解过去的另一扇窗户,能够反映我们祖先世世代代的生活。例如,如果你坐在马桶上排便,你就错了。我不是在开玩笑。和其他灵长类动物一样,我们的身体就是被"设计"①成蹲下排便的。抽水马桶违背了人体的进化设计,常常导致痔疮、便秘和其他疾病。

进化生物学家解读现代人的身体就像在阅读人类史前史地图。牙齿的形状、间距和硬度,唾液中的化学物质以及肠道的弯折……都向我们透露了许多我们祖先吃什么和怎么吃的信息。同样,我们的大脑结构、令人惊叹的生殖器还有脚底板等,也都反映了遥远先祖世代的经历。

时间不仅改变了我们这个物种的身体,我们的许多行为和偏好也都反映了古代世界的状况,那是我们祖先的家园。历经数以百万计的日出和日落,重复的行为已经成为与生俱来的倾向和我们所谓的生理或心理"期待",因此,毫不奇怪为什么几乎每个人都会痴迷于一簇火焰的舞动。实际上,我们的每位祖先,每一夜都痴迷于这同样抚慰人心的舞蹈。同样,从进化时间上来说,我们和祖先的社会习惯直到最近还明显一致,他

---

① 说得清楚一点,当我提到人体或其他生态系统的"设计"时,我口中唯一的"设计师"就是进化过程。

们每个人都是狩猎采集者。这些先天倾向往往十分顽固，要想改变其轨迹又不对其造成破坏需要经历许多代人。

过去几十万年里，人类祖先看起来跟我们一样，和我们一样聪明（或许比我们更聪明，因为其大脑比我们大10%左右），生活在复杂而亲密的社会群体中。谈论时间时，这么大的数字可能很难理解。在开始研究进化之前，我以为古希腊距今十分遥远。无论如何，它就是"古代"。但是古希腊距今只有约3 000年，古罗马距今只有2 000年。农业和人类定居点最早出现于约10 000年前。以人类在地球上存在的时间来说，这些都算是人类最近的发展。

有一句西班牙谚语说："习惯最开始像蛛丝一般，但后来却变得像锁链。"从进化的角度讲，人类的自我驯化机制很复杂。人类婴儿就像一块白板，社会和环境可以在这块白板上刻画出新的偏好和想法：妇女受到的尊重与男人一样吗？人类如何生育呢？狗是可爱的宠物还是肉食来源？性是单纯的快乐还是可耻的罪恶？无论文化向我们灌输什么，都会被记录在业已由生理塑造完成的白板上。这块白板被数百代先祖雕刻、敲打、上色，他们有无数相同的生活经验和反应。例如，煮熟的食物闻起来很香，充满爱意的触摸令人放松，雷声令人畏惧，孩子是宝贵的，放屁是滑稽的。

论能力和倾向

谈论人性时,理解能力与倾向的差别至关重要。尽管倾向可以被忽略和克服,但许多能力是不变的。我们可以无视人类惧怕海洋的倾向,但是我们不能克服无法在水中呼吸的无能。我们可以选择成为素食主义者,但我们不能选择成为草食动物。不管怎样,我们还是杂食动物。我们做的所有选择,都局限于我们与生俱来的物种天性。虽然人类能够做出各种各样的行为,但并非所有行为都能与我们的物种天性产生共鸣。例如,有些人能够长期生活在孤独之中,但是作为极度社会性的物种,这显然与我们的天性不符。毕竟,单独监禁是对罪大恶极之人的惩罚。

尽管吃汉堡、喝啤酒、久坐不动似乎也能让我们活到70岁,但我们很可能会因此患上龋齿、肥胖症、心脏病、糖尿病、癌症等疾病。说得荒诞点,我们可以倒着走,但是我们的身体显然天生就是向前走的。1989年,一个名叫摩尼·马尼坦的印度男子决定在他余生都倒着走路,因为当时发生的几次恐怖袭击使他感到震撼,他认为倒着走(最初是全身赤裸的)能引领世界走向和平。摩尼并没有消除全球暴力,但他证明了人类有可能在25年里只倒着走。不过,没有人(包括摩尼)会觉得这种行为与我们的天性相符。

人类在清醒的时候,能够坐在小隔间的荧光灯下做着吃力不讨好的工作,但这毫不意外常常会引发抑郁、焦虑、成瘾行为和突发暴力。我们中的许多人（特别是年轻时受过虐待的人）显然有能力给别人造成巨大的痛苦，但是没有人因为他们帮助过一个陌生人而遭受创伤后应激障碍的折磨。

琼·利德洛夫在其关于狩猎采集者育儿方式的颠覆性经典著作《连续体概念》中提出了天生"期望"的观点。利德洛夫在描述所有生命形式的进化过程时写道："每个个体的身体设计都反映了其预计自己会遇到的事情。而这个设计可以游刃有余地应对的事情，是由其先祖已经适应的环境决定的。"[1]将此原则应用于人类很"棘手"，不过接受这些进化的预期是十分明智的。（人类的）肺不仅表明我们想要呼吸空气，而且可以说肺本身就是为呼吸空气而存在的；人类的眼睛是为了在适宜人类观测的时候，让人类看到对其有用的物品反射出的特定波长内的光线；人类的耳朵是为了捕捉很有可能与他相关的事件所引起的震动（包括其他人的声音），人类自己发出声音也是为了让别人的耳朵听到。语言学家丹尼尔·埃弗里特与皮拉罕人（亚马孙河上游的觅食者）一起生活了20多年。埃弗里特在关于他那些年的回忆录《别睡，这里有蛇》中写道："皮拉罕人笑对一切。他们笑自己的不幸，小屋被暴风雨掀翻时，主人的笑声比任何人都大。钓到很多鱼时他们会笑，抓不到鱼时也会笑；吃饱时会笑，吃不饱时也会笑。"[2]皮拉罕人的笑声表明他们与自己居住的世界相处得很和谐，这就是他们身心期望的世界，因为这个世界和孕育他们的环境很相似。我不是在打比方，我是认真的。埃弗里特描述的皮拉罕人在亚马孙热带雨林中生活，就像仙人掌在沙漠中一样自在。虽然他们的生活并不轻松，但是他们很熟悉自己面对的困难和危险，因为他们无数的前辈都经历过这些。然而，你和我生活的世界是从前的人类无法想象的。难怪很少有人真正觉得此时此地很舒适，我们从来没有机会了解这个地方。

人民的史前史

Homō hominī lupus est.（他人即狼。）

无论怎么说，过去95%以上的时间里，我们这个物种都是四处迁移的狩猎采集者，一个群落最多不超过150人。人类学家发现，尽管生态环境差异很大，但亚马孙河流域、北极地区以及澳大利亚内陆地区的觅食者，在行为和社会组织方面都十分相似。觅食社会经常出现的三个特点大致可以与社会、生理和心理三个领域对应：平等主义、流动性和感恩。狩猎采集社会的其他特点可以看作这些基本特点的延伸，人类学家和民族志学者一致认为，几乎所有觅食社会都具备这些特点。后面会详细介绍各个觅食社会的差异，现在只是大致给出我们祖先在社会、生理和心理生活方面的基本原则：

极端的平等主义 / 共享。人类学家将觅食者称为"极端的平等主义者"，也就是说个人自主是不容侵犯的。不能强行让别人听命于自己，领导并不是正式和强制的，而是出于尊重和共识。个体之间可以互相游说，但是不能把自己的意愿强加于别人。人们追求互惠互利，私藏食物等各种自私的行为都是不允许的。孩子是独立自主的个体，没有血缘关系的成年人会和孩子的生身父母一起照顾他们。

流动性/融合裂变。为了寻找食物，群体会频繁（通常是季节性地）转移，内部成员也不固定。这种流动性是社会组织的重要因素，因为人们可以轻松摆脱不舒服的处境。由于群体频繁组合又分裂，所以人们可以随时加入邻近群体，避免酿成冲突，或只是单纯地改变生活环境。

感恩。觅食者往往认为自己很幸运，被慷慨的环境和慈爱的精神世界所恩宠。土地是万物之源。这种观点与永恒进步的叙事几乎相反，后者认为自然世界充满敌意、危险和卑鄙。然而，觅食者往往信仰精神世界，里面有很多慷慨的（有时是很任性的）灵体，包括已故祖先和自然元素（水、天空、风等）在内，而并不信仰善妒、睚眦必报的一神教的主神。

大约10 000年前，农业引发了人类的根本性转变。在此之前，人类生活的特征是平等主义、流动性、强制共享任何财产、开放获取生活必需品以及对眷顾我们的环境怀抱感恩之心。在觅食社会，想成为领导者，只要提出的观点比其他人的更受尊敬就可以。权力是流动的，不能攫取、继承或购买。[3]值得一提的是，狩猎采集者生活（占智人生活95%以上的时间）的这些特征，正如爱德华·奥斯本·威尔逊在《群的征服》中所解释的那样，在学界没有争议：

> 狩猎采集者群体和小农村基本秉持平等主义。成为领导者靠的是智慧和勇气，领导者死后，位置会传给其他人，继任者和上任领导者是不是亲戚并不重要。平等主义社会一般会选择在集体宴会、节日和宗教庆祝活动中做出重要决定。少数幸存的狩猎采集者群体也采用这种做法，他们分散在天南海北，主要位于南美洲、非洲和澳大利亚，在组织上最接近活跃于新石器时代前数千年的狩猎采集者。

（请注意，威尔逊详细指出"狩猎采集者群体和小农村"是采取平等主义的。为了追求便捷，我称平等主义是前农业社会的特征，但是为了清楚和准确起见，我必须指出，考古记录清楚地表明，平等主义的社会组织并没有在人们采用农业耕种后立即消失。虽然放弃了四处迁移的生活方式，但许多小型农业社区似乎很好地维持了其平等主义社会组织。因此，尽管农业最终带来了社会等级秩序，但这一过程有时需要经过几代人。）

觅食者的平等主义并不重男轻女。例如，在《史前女性》中，玛格丽特·埃伦伯格清楚地指出，"社会组织建立的基础是个体和两性的平等。每个人都有平等的机会提出建议并让人倾听，每个人都有权自主决定在什么情况下做什么"。

当然，这些情况也有例外。就像生活在不同社会组织里的智人一样，觅食者既复杂又多样。根据有关记录，在一些觅食社会，不仅妇女地位低下，有时儿童还会遭受虐待，还有一些觅食社会，会有自负的傻瓜试图集权，想要指挥、压迫别人。然而，这些都属于个例，而且这些人到底算不算真正的"觅食者"都不太确定。甚至最偏远的觅食社会也长期受到文明入侵的影响，包括传染病、空气污染和水污染、伐木、影响狩猎和捕鱼的生态变化、邻近部落消失或突然侵略等。但是，关于我们这个物种的起源，以下几点是确定无疑的：

- 约10 000年前农业问世前，几百万年来，我们所有的祖先几乎都是觅食者。
- 生活在世界各地、不同生态环境中的觅食者用极其相似的方式组织生活。人类学家已经注意到他们在养育子女、分配政治权力和财富、解决冲突、看待两性关系和灵性体验，甚至理解和面对死亡方面有很多共同点。
- 这些共同点属于彼此隔离的不同社会——因为它们来自觅食生活本身。无论其物理环境如何，这些行为和认知模式都持续存在，因为在觅食者的社会，它们很有用。
- 最终，由于这些认知和行为模式已经成为我们这个物种数十万年生活中不可或缺的一部分，它们继续存在于我们中间，塑造我们基本的社会和政治倾向。

一些读者可能会指责我有浪漫的怀旧情结或只挑好的说，我能理解。这毫不奇怪，文明人一贯喜欢否定对前文明生活的任何积极看法。关于人性的任何观点都将是一面之词。我在本书最后添加了丰富的参考文献和推荐书目，供读者深入阅读，以免本书成为一家之言。毫无疑问，黄金时代的神话广为流传，部分原因是人们对婴儿时期无忧无虑、天真纯洁的时光心生向往。但这并不意味着有必要根据对过去的清楚认知，而对现在进行批判性审查。尽管这种信念无处不在，但没有确凿的理由说明，随着时间的流逝，一切都在变得越来越好——盲目相信进步与一心怀旧都是明显的错误。

高贵的野蛮人、野蛮贵族和稻草穴居人

自给自足的猎人不一定比其他人更有道德，他们只是无法逃脱自私行为带来的惩罚，因为他们生活在小团体中，几乎所有事情都逃不过审查。

——塞巴斯蒂安·荣格，《部落：归宿与归属》

觅食者标志性的慷慨大方和热情好客并不是受骗的卢梭浪漫主义分子和散发着广藿香转呼啦圈的人[①]编造出来的。变幻

---

① 广藿香有治疗头晕、和中止呕的功效，而转呼啦圈有可能使人头晕、想要呕吐，此处作者写"散发着广藿香转呼啦圈的人"，大概是想描述做不必要的、多余的事情，多此一举、卖弄聪明的人。——译者注

莫测的环境会带来挑战，而相互之间慷慨好客是最好的应对方式。在某种程度上，"野蛮人"是高贵的，因为他们所在的社会群体培养并赞扬慷慨、有礼的行为，以减轻风险和保护自己。如果这些行为是"天生的"，那么就像对"野蛮人"一样，对你和我来说，这些行为也是天生的。

另辟蹊径地看，"高贵的野蛮人"一词源于有意混淆和不良意图。这种混淆显然源于"高贵"一词的两个含义：崇高的举止和上流的阶级。与大众印象相反，让-雅克·卢梭并非该词组的创始人，他甚至从未在文章中使用过它。历史学家特尔·埃林森在《高贵的野蛮人的神话》中解释说，法国律师兼民族志学者马克·莱斯卡博特在1609年就创造了该词，他比卢梭早出生一个世纪。莱斯卡博特说，美洲的印第安人"真的高贵，无所事事，但是很慷慨，不管是他们的狩猎活动还是他们在战争中的表现，都给人这种感觉"。埃林森认为，"印第安人的高贵与诸如慷慨大方及行为合宜等道德品质有关"。他说道："美洲'野蛮人'相当于欧洲的贵族，这种说法是很合理的。"换句话说，莱斯卡博特看到印第安人身上也有欧洲贵族的自由、特权和责任。

埃林森解释说，这个词大约消失了250年，1859年又因白人至上主义者约翰·克劳弗德而重新焕发生机，他当时想要成为伦敦民族学会的主席。对于当时人类学对普遍人权的倡导，克劳弗德不屑一顾。在学会发表一场重要演讲时，克劳弗德引入了该词组，错误地将其说成卢梭的创作，用来嘲笑那些同情"落后"文化的人。埃林森写道:"从人类学家卢伯克、泰勒和博厄斯开始,一直到20世纪末期的学者们,他们对神话的每一次引用都采用了克劳弗德的说法。""高贵的野蛮人"从一开始就是政治家的话术,这无疑是有史以来存在时间最长的稻草人谬误之一,至今仍然导致人们的观点两极分化,阻碍当今关于狩猎采集者生活的复杂讨论。

人类学家马文·哈里斯在《食人族和国王》一书中解释了为什么莱斯卡博特可能从其访问的印第安人中看到了高贵的特质:"在国家出现之前,大多数群体和乡村社会中的普通人都享有经济和政治自由,而今天只有少数特权阶级才配享有这种自由。人们自己决定某天要工作多久、做什么工作,甚至要不要工作。没有租金、税金或朝贡迫使人们做他们不想做的事。"如此轻松、不受限制的生活令欧洲人震惊,他们已经习惯了一个只有贵族才能享有类似生活的社会。

印第安人的财富(以自由和自主衡量),在欧洲人看来却是物质贫困。假设你是一个五六十人的群体中的一员,群体中有孩子和老人,并且群体会定期迁移,那么有多少东西会是你想随身携带的?如果你的群体用陶壶做饭,那么每个人都会带上自己的陶壶吗?带几个共用的陶壶不是更有道理吗?即使最优秀的猎人也不一定总是成功。大多数时候,猎人都会空手而归。但当有人杀死一只鹿时,他会怎么做呢?他会像大多数进化心理学家声称的那样,只与其"妻子"和孩子分享吗?绝不可能!这种自私的行为会导致社会动乱,会遭到群体放逐,肉会腐烂，他会和朋友决裂。有个非洲村民告诉我妻子，"多余食物最好的归宿就是我朋友的肚子"，他知道他的朋友们会将他多余的食物吃掉。当你像觅食者那样消耗完自己的物资并且没有积蓄时，你唯一的保险单就是周围人的慷慨。保险费就是自己也向他人伸出可靠的援助之手。如此说来，心理学家所说的提高幸福感的妙方就是帮助他人也就不足为奇了。这是人类天生就有的一部分，对我们这个物种的生存至关重要。这与高贵或野蛮无关。在人类生活的几千年里，慷慨的名声是通往成功、幸福生活的重要因素。马文·哈里斯解释说，从觅食者的平等自治转变成文明的强制权力结构，对我们这个物种而言是很痛苦的：

随着国家的崛起，普通人若想要利用自然资源，就不得不获得别人的许可、纳税、纳贡、提供额外劳动。地球上第一次出现了国王、独裁者、大祭司、皇帝、总理、总统、州长、市长、将军、海军上将、警察局长、法官、律师和狱卒，以及地牢、监狱、感化院和集中营。在国家的命令下，人类第一次学会了如何鞠躬、卑躬屈膝、跪拜和磕头。从很多方面来说，国家崛起后，自由世界就堕落成了奴隶制。

然而，与权力、地位和资源分配不平等的农业社会相比，觅食者的平等主义真的更符合人性的要求吗？我们的确需要学习如何做一个人类，但是有些教训来得更容易一些。以从自私到共享的过程为例。在个人层面上，我们都想自私一点。任何生物都希望过得长寿、富裕，这会让它们想要以自己为先。与我们的近亲黑猩猩和倭黑猩猩一样，我们这个物种天生是分等级的，作为猎人，也很熟悉暴力。

从许多方面来说，觅食者群体就像一支足球队或篮球队。如果某个成员是非常优秀的得分手（猎人、采集者、解决冲突的人、讲故事的人、疗愈师或决策者），只要能为团队带来利益，其才能就会受到鼓励和赞赏。然而，一旦这些"才能"变成了骄傲、专横或权益，完善的平衡机制就会启动。这种行为是不被鼓励的，人们会通过塑造孩子的无私行为和表达对慷慨的赞美来强化平等主义。如果有必要，人们还会用幽默和嘲笑的方式表达自己的观点。假如取笑某人不起作用，那么那些将自我满足凌驾于集体利益之上的人还会被社会孤立甚至死亡。如果每个群体成员都依赖其他成员的慷慨和善意，而致命的武器又随处可见，那么人们的头脑必须保持冷静。

但是，在大规模的"文明"社会中，适当行为的标准是相互矛盾的：在游乐场和小学，我们鼓励小朋友要慷慨大方，如果没有给所有人带糖果，那么自己也不能吃，但是商学院和董事会鼓励野心勃勃的竞争、收购和个人成功。从狩猎采集者祖先身上继承的自发慷慨与文明诱导的自私自利之间的深刻冲突，在很大程度上影响了我们的生活。我们都同意，要养育一个快乐的孩子需要举全村之力，但是我们大多数人都无视或避开邻居和他们的孩子。大约 40% 的美国人给慈善机构的捐款金额不到其收入的2%，而45%的美国人从不捐款，尽管事实证明，一向慷慨的人比悲哀的守财奴更幸福。[4]我们在言谈、思想中，似乎把配偶和孩子当成自己的私有物。"我的太太。""我的孩子。""宝贝，你属于我。"在狩猎采集者群体中，任何有这种想法的人都会被视为可怕、危险、不适应社会的疯子，会面临被放逐或更糟糕的结局。

觅食者生活最令人震惊的地方在于，他们还在影响我们当今的生活。几千代人以来，亲社会的文化价值观已经融入了我们这个物种的基因之中。这些行为模式（及其背后的价值观）要求大家互帮互助，要求大脑能做出复杂的道德判断，包括何时以及如何惩罚威胁群体的人。

人类文化的这些基本组成部分和我们这个物种的基因一同进化。正如我们异常短的结肠和钝钝的牙齿反映出，我们的祖先在100万年前甚至更久之前就开始吃熟食了，我们的大脑也反映、认可并回馈了我们这个生活在群体中的物种的社会价值观。

毕竟，我们这个物种是因为群体才壮大并存活下来的。作为个体，智人平平无奇：他们是弱小而行动缓慢的猿类，面对愤怒的浣熊几乎毫无招架之力。然而，若几个人一起行动，带上大家共同开发的武器，就能打倒一只洞熊或猛犸象。

今天，这种亲社会的生存动力体现在我们对正义的渴望、与他人分享食物时的宁静舒适、对孩子无私和自发的爱意和保护欲，以及我们凝视小火苗时极度放松的心情中。难怪作家克里斯托弗·本费在对世界各地的乌托邦群体进行调查时发现，即使受时间、国籍和宗教取向的影响，一些基本思想还是相同的："社会应基于合作而不是竞争，核心家庭应被纳入更大的群体，财产应当是共有的，女人不是男人的附属品，即使工作再低贱也必须被尊重。"[5] 这本质上是在描绘智人曾经生活的社会，这并非偶然。现代人迷路了，我们正在寻找回家的路，永恒进步的叙事却在拖后腿。史前的人并不是吃人的狼，实际上，他生活在一个相当仁慈的世界里。

第 2 章

文明及其不和谐

经验主义的反击

> 宇宙中有无穷的希望，但不是给我们的。
>
> ——弗兰兹·卡夫卡

几年前，我家的狗特丝被 7 月 4 日独立日的烟花吓得跳出了篱笆。我父母参加庆典回来时，特丝早已走丢了。我们开着车在家附近呼唤它的名字，几个小时后还是没能找到它，我们决定张贴附有它照片的传单（当然，没有什么用，因为金毛寻回犬长得都很像）。父母给各个动物收容所打了电话，还通知了邻居。过了绝望的几天，有个收容所打来电话说，他们那儿有只狗和特丝挺像的。姐姐和爸爸开车过去，特丝果然在那里。特丝不停地扑向他们，舔他们的脸，签署了文件后，特丝被带回了家。爸爸、姐姐和狗在后院里开心地扔着被唾液浸湿的网球玩儿,这时姐夫回家了,他向窗外看了看,然后问妈妈:"和他们一起玩儿的那只狗是从哪里来的?"

他一下就认出那只狗不是特丝。他认出来了,而爸爸和姐姐却没有,因为姐夫不像他们那样在乎特丝。你可能会认为只有最熟悉特丝的人才最有可能发现这只狗不是特丝,但是他们被找回特丝的狂热希望蒙蔽了双眼,没有意识到特丝还没有回家。我们每个人身上都会发生这样的事情。不管是做梦还是醒着,我们都被潜意识引导着。

从情感上来说,我们很难去质疑进步,因为我们太过于投入地相信一切都变得更好了。这种倾向对我们来说是一种很好的生存机制,没有人愿意相信我们把孩子带到了一个酒过三巡、杯盘狼藉的宴会。然而,尽管这种乐观情绪可以理解,我们也不应将其误认为是理性思考。

当坚持希望只会使我们陷入更绝望的境地时,我们是否还常常被人鼓励"永远不要放弃希望"?错误的希望由盲目鼓励进步信念的文化所滋养,无论这种信念与现实有多么强烈的冲突。美国人被告知,如果从相信只要有足够的奉献精神、专注和勤奋就可以实现任何梦想的美国梦中醒来,就是彻头彻尾的不爱国。每本书(包括本书)都应该以一个给人希望的章节作为结尾,这个章节要包含简单的五个步骤,通过它们就可以拥有永远的幸福、紧实的腹肌、美妙的性高潮、更聪明的孩子或者财务安全。几十年来,尽管气候学家一直警告我们正在踏上一条"不归路",但是很少有人愿意公开宣布,其实我们早就在这条路上了。夜已深了，而我们还在说服自己太阳还没有落山。托拜厄斯·沃尔夫曾说："'永远不会太晚'……对我来说，这句话更像是墓志铭，而非充满希望的话语，这是我们人类躺进自掘的坟墓之前说的最后一个谎言。"

当然，我们所有人都愿意相信一切会变得更好，我们这个物种正在学习、成长和繁荣。然而，如果不是那样怎么办？如果我们对希望和进步的顶礼膜拜只是对已经十分危急并且还在不断恶化的现实情况的掩饰，又该怎么办呢？在警世书《极简进步史》中，罗纳德·赖特直言不讳。"希望促使我们发明解决旧问题的新方法，但这反而会制造出更加危险的祸端。"他说，"希望，使开出了最大空头支票的政治家当选。正如所有股票经纪人或彩票销售商所知的，我们大多数人对谨慎节约、规划消费不抱什么希望。"赖特指出了"宗教信仰"的神秘力量，西方文明坚称我们走在进步的道路上。"我们对进步的实际信念已经扩散并强化为一种意识形态。"他写道，"进步有某种内在逻辑，可能使人远离理智，走向灭亡。"

永恒进步的美好宣言在理智层面毫无根据，在情感层面却能抚慰人心。这些宣言破坏了我们在为时已晚之前纠正路线的能力。当你醒来闻到烟味时，"别担心，继续睡"可能就是你最想听到的，但这并不意味着它是一个好的建议。心理学家塔利·沙罗特将这种对进步的盲目信念称为"乐观偏见"。她发现，我们倾向于将令人不安的证据视为反常因素，转而凸显任何可以描绘出美好未来的事物。沙罗特推测，固守希望可能是一种进化优势，但赖特对此却有不同看法。在对历史文明（每个文明在崩溃前的壮丽和贪婪都惊人地相似）的调查结论中，赖特警告称，我们正磕磕绊绊地走向一条不归路。目前，尽管我们拥有改变路线的技术和经济手段，但如果我们不抓住当下，"我们就再也无法掌控自己的命运。这个新世纪过不了一半，我们就会混乱和崩溃，与之相比，过去的所有黑暗时代都会相形见绌"。对进步的赞歌永远是文明的一部分，因为任何以持续增长为基础的制度都会坚持将所有运动定义为前进运动，就像下坠的人坚称自己是在飞翔——直到他再也无法"飞翔"。

所有这些都不是为了说明没有真正的进步。毫无疑问，在许多方面现代生活和以前相比都有了明显改善。但这是和多久以前相比？为了改善这些方面，我们又付出了什么代价？

在发达国家，抑郁症患病率和自杀率不断攀升，越来越多的人笼罩在绝望的阴影之下。1/3 的美国儿童患有肥胖症或严重超重，5 400 万美国成年人患有糖尿病。学龄前儿童成为抗抑郁药品消费增长最快的人群，近年来儿童抑郁症的增长率每年都超过 20%。据估计，有 2 400 万美国成年人患有创伤后应激障碍，这主要归咎于无休止的战争。对越来越多基本没有其他就业机会的人来说，战争已成为现代社会生活的一部分。的确，我们生产的食物比以往任何时候都多，但其营养质量实在值得怀疑。在世界上大多数地区，饥饿和营养不良还很普遍，而最幸运的那批人把自己吃得快撑死了。骨骼遗骸证实，直到文明出现，饥荒和肥胖都不常见。

现代牙科呢？其实在以谷物为基础的文明饮食和单一文化出现前，折磨我们许多人的蛀牙（学名龋齿）和牙龈疾病都不存在。科学家在分析现代苏丹出土的遗骸后发现，居住在该地区的狩猎采集者，只有不到1%的人有蛀牙。一旦他们转向农业，这一比率就飙升至20%左右。

实际上，许多所谓在文明的保护下我们免受的危险，就是由文明本身创造或放大的。在这种情况下，再说什么抗生素和心脏搭桥手术，就等于赞扬安全带和安全气囊的优点，却压根儿忘了我们的祖先根本就不会发生车祸。如果你将我的房子点着了，请不要指望在你稍后提着一桶水来的时候，我会对你表示感谢。

如果这使我们不健康、不快乐、过度劳累、丧失尊严、感到恐惧，那么这些进步真的有价值吗？我们或多或少地知道为它所付出的代价：几乎一切。我们可以将所有这些罗列出来：森林破坏、表层土壤侵蚀、渔业资源枯竭、含水层污染、碳排放、癌症、压力、绝望的难民等。人们过去常常说要为自己的孩子创造一个更好的世界。现在，我们只是希望他们能设法在这堆烂摊子里活下来。

永恒进步的叙事声称，我们最聪明的祖先"发明"了农业技术，以改善其生活。正如贾雷德·戴蒙德解释的那样："我们习惯于认为从狩猎采集者的生活方式向农业的转变给我们带来了健康、长寿、安全、闲暇和伟大的艺术。"然而，戴蒙德又指出,"这种观点例证看似无法反驳,(但)难以证明"。实际上,向农业的转变,对之后出生的人的整体生活质量来说,都是有害的。几乎所有人的健康、寿命、安全和闲暇生活的质量都走了下坡路,按照最相关的标准,其中也包括精英阶层。

穿过那扇被遗忘的大门

> 穿过那扇未知的、被遗忘的大门,我们发现的土地,就是我们曾经的起点……
>
> ——托马斯·斯特恩斯·艾略特,《四个四重奏》

我经常被问到一个问题:"如果农业如此糟糕,那么祖先为什么还选择它呢?"这是一个很好的问题。我希望我们可以问问布赖恩·史蒂文森。

2003年初冬的一个早晨,一群游客聚集在加利福尼亚州纳帕谷香桐酒庄的停车场里,他们打算乘热气球飞越葡萄园。在准备热气球时,一阵风刮过,来自苏格兰的年轻游客布赖恩·史蒂文森抓住了热气球下方的吊篮,试图阻止热气球被风吹走,但是热气球挣脱束缚,开始升空。专业人士都知道此时要立即放手,但史蒂文森却一直不放手,直到热气球升到了停车场上方数百英尺[①]高的地方,他再也抓不住了,摔到地上死去。

[①] 1英尺≈0.3米。——编者注

"我们不知道他为什么一直不放手。"当地治安官后来说。

是这样吗?我们真的都不知道为什么史蒂文森一直不放手吗?一旦他的双脚离开地面,他就陷入了损失规避的循环中,已经没有逃脱的机会了。从伸出援助之手到保留宝贵的生命,再到猛然意识到坚持可能是一个致命的错误,这种转变大概需要用几秒钟的时间,但是我敢打赌,史蒂文森每一秒都在想:"我应该趁早放手的。但是现在太迟了。"

我们不都陷入过这样的陷阱吗?谁不曾经历当时觉得有道理,事后却觉得毫无道理的事呢?谁不曾因为自己太过深爱一个人,无法马上离开对方,而深陷在一段有害的恋情中呢?谁不曾只能做一份让灵魂备受煎熬的工作,好像唯有这样才能养活自己,因此我们购买昂贵的玩具来掩饰痛苦,却使自己更难离开这份工作?

一旦你感觉到农业不是祖先的福音,接下来就顺理成章地想知道为什么他们会选择放弃觅食生活而转向农业。但事实不过是,我们的祖先不是为了农业选择放弃觅食生活,就像史蒂文森并不想在纳帕谷大雾弥漫的早晨飞离他的妻子和朋友一样。在平常的一天中,我们会踩着无数被遗忘的脚步穿过许多平淡无奇的大门。有时候只有在回忆中,我们才会明白,有些被遗忘的大门是通往不归路的。一分钟之前,还在热气球边闲逛;一分钟之后,却无法抓住吊篮了。

农业似乎不是更富智慧的进步,而是为了生存的绝望尝试。人们普遍认为文明是异常稳定的良性环境的产物,这种环境使人类能够在复杂、高度密集的社会生活中受益。但研究人员尼克·布鲁克斯却认为，文明的发展是"对灾难性气候变化计划外适应的偶然副产品"。[1] 文明是"不得已的手段"，是为了适应不断恶化的环境条件。我们的祖先没有为了居家的舒适而抛弃绝望的觅食生活。农业远不是迈向更好生活的大胆一步，而是让我们摔进陷阱里的悲惨的、跌跌撞撞的错误一步。一个又一个世纪，我们一直在努力将这个陷阱挖得更深，因为全球人口激增使我们踏上了一条不归路。

1999年，贾雷德·戴蒙德写了一篇关于人类转向农业的文章，名字不太好听，叫作《人类历史上最严重的错误》。[2] 最近，历史学家尤瓦尔·赫拉利甚至称农业革命为"历史上最大的骗局"。他在2015年的畅销书《人类简史》中写道："确实，农业革命让人类的食物总量增加，但量的增加并不代表吃得更好、过得更悠闲。"赫拉利认为，所有多余的食物只会助长"人口爆炸"，并会产生一群"娇生惯养的精英分子"，农民通常比觅食者的工作时间更长，更辛苦，而吃的食物却更差。作为不得已的手段，农民被迫在社群定居点安定下来。于是，社会不平等急剧增加，有组织的冲突与暴力行为更多，自我任命的精英也使用某种神教来锁定自己的权力。

好的想法往往会迅速传播，即使在分布稀疏的觅食者群体中也是如此。考古文献中充斥着诸如长矛投掷器、陶器设计、改进的燧石取火技术等新想法迅速传播的例子。但是从考古证据来看，没有人特别渴望转向农业。农业从新月沃地传播到欧洲的速度，比一个穿着拖鞋、一年仅前进1 000码[①]的老人还要慢。

丹尼尔·埃弗里特之所以会对皮拉罕人感到震惊，是因为皮拉罕人对加入现代世界完全不感兴趣。相反，他们坚信埃弗里特能住在他们那儿真是幸运。当埃弗里特询问他们是否知道他为什么来到他们在亚马孙河上游的村庄时，他们回答说："因为这是一个美丽的地方，水很美，有好吃的东西。皮拉罕人很热情善良。"

然而，我们所有人都听过永恒进步的叙事的黑暗警告，听过它所描述的类似皮拉罕人所过的生活。"很危险。""很不舒适。""没有人活过30岁。"几千年来，文明一直在发出荒谬而有效的警告，贬低美丽的水、美味的食物和热情善良的人们。永恒进步的叙事夸大了文明的价值，致使人们不假思索地拒绝皮拉罕人的人生观中所包含的简单而永恒的真理。

1929年，在《文明与缺憾》中，弗洛伊德阐明了文明的难题："人们开始意识到，所有新获得的对时空的控制、对自然力量的征服、长久渴望的满足并没有增加其生活中获得的乐趣，也没有使其更快乐。"20世纪20年代，弗洛伊德写下这些话时，人类学、社会学和心理学都还处于起步阶段，因此，基本不可能用数据来判断我们这个物种是否已经失去了幸福意识，或我们是否曾有这种意识——并不是指婴儿时期的遥远记

[①] 1码 ≈ 0.9米。——编者注

忆。但是在弗洛伊德发表这个观点后的几十年里,越来越多的证据表明,觅食者几乎从来没有自愿加入过文明,他们以最快的速度逃离文明,即使这意味着退守到地球上环境最恶劣的地方去。

永恒进步的叙事认为,农业始于新月沃地,并作为一种改善生活的创新快速传播。实际上,在距今 12 000~7 000 年前的 5 000 多年中,农业至少在世界上 8 个不同的地区独立兴起。除了新月沃地之外,考古学家还在中国北部和南部、安第斯山脉、墨西哥中部、新几内亚岛、埃及、密西西比河谷和西非地区发现了觅食生活向农业过渡的证据。没有证据表明农业是从新月沃地传播到这些地方的。相反,似乎是类似的一连串气候变化触发了觅食生活向农业的转变。[3]

尽管农业以各种方式独立兴起,但它对人们生活的影响却是深刻的和普遍的。农业绝不仅仅是获得食物的一种方式,它几乎影响了人类社会的每个要素(男女关系、育儿、政府、阶级制度、军国主义、人类和其他动物与自然世界的关系等)。故事改变了,世界也就随之发生了改变。

这是觅食生活向农业过渡十分重要却常常被遗忘的关键点。这个变化不仅是我们这个物种生活的关键转折点,还标志着人类所居住的世界在物质上和概念上发生了根本性转变。说农业把人类从这个世界中解放出来并使我们反过来对抗这个世界,这毫不夸张。美国自然历史博物馆的奈尔斯·埃尔德雷奇写道,向农业的转变,以及由此产生的文明消除了我们这个物种与自然世界的联系,而这种联系是生命诞生以来,我们和其他物种所共享的。"我们突然走出了当地的生态系统。我们的注意力不再被我们周围的自然世界所吸引。"转向农业"等于向当地的生态系统宣战"[4]。

然而,我们这个物种是如何从与自然界共沉浮的参与者变成现在这样,在离一体化、可持续的关系越来越远的同时又能继续存活下去的呢?似乎在一切变得极糟糕之前,总是会有一段极美好的时光。这是事件(一般是灾难性事件)常见的发展顺序,赌徒或瘾君子都能为此证明。直到大约15 000年前,地球上的气候仍不稳定:极地冰盖扩张和收缩、海平面上升和下降、极端气候波动和洋流突然改变方向。当时,北欧被一块巨大的冰层覆盖。斯堪的纳维亚半岛、德国北部以及英国大部分地区都被冻得硬邦邦的。当时的海平面比今天低大约90米,因为这些水都储存在冰层中。

在格陵兰岛采集的冰芯样本显示,气候有过显著的变化,以前是寒冷、干燥、不稳定的,后来气温升高、降雨量增多。这个新时期持续了数千年,人们有充分的时间来习惯身边有多余的食物,使人口数量与这个温暖、潮湿的世界的承载能力相匹配。冰盖收缩、气温上升、降雨不断、植物生长、动物繁衍——一个漫长的夏天开始了。

2001年,彼得·里克森、罗伯特·博伊德和罗伯特·贝廷格共同发表了一篇强有力的论文,题为《农业在更新世时期是不可能的,但在全新世时期却是必需的吗?气候变化假说》。

他们认为环境条件实在过于优越，因此新月沃地的一些觅食社会在有人真正耕作之前，已经开始向类似农业的方向发展。从今天的土耳其西南部一直到叙利亚、黎巴嫩、约旦、以色列和巴勒斯坦地区，发现了早在15 000年前就有的小规模定居点遗迹。这些定居点被称为纳图夫村，每个定居点似乎都住着几百个觅食者。考古学家发现，在丰富稳定的食物来源附近有定居的村落，以及更加复杂的精神活动的遗迹，这表明社会组织等级更分明，群体之间有组织的冲突也可能更多。因此，一般与农业相关联的弊病，在某些地区可能比农业本身出现得更早。

我们在诸如太平洋西北地区的原住民部落，即所谓高级狩猎采集者部落中发现了与这些社会模式相似的地方。季节性洄游的三文鱼，以及捕海豹、捕鲸活动，对诸如特林吉特人、海达人、沿海的萨利希人、奇努克人等来说，就是一场大丰收，他们将多余的肉用烟熏后保存起来，就能有充足的食物储备，供以后食用。无论其起源如何，累积的财富几乎总会产生政治等级制度、日益复杂的仪式、艺术创作、洗劫、战争以及奴役制度。

在土耳其安纳托利亚地区的乌尔法城以北几英里[①]处，坐落着壮观的哥贝克力石阵遗址，大概建于12 000年前，比大金字塔的建造早6 000多年，绝对是迄今为止我们发现的最古

[①] 1英里≈1.6千米。——编者注

老的巨石建筑群。[5] 在发现哥贝克力石阵并对其进行碳测定之前,已知最古老的巨石遗址坐落在马耳他岛,大约建于5 500年前。

在哥贝克力石阵遗址中发现了60多根T形石灰石柱,每根重达几吨。大部分石柱上都有蝎子、蛇、野猪和狮子等危险动物的浅浮雕。然而,哥贝克力石阵最引人注目的或许是我们没有从中发现的东西——没有人类居住的迹象:没有房屋,没有火坑,没有家禽家畜和栽培的植物。由于无人居住,所以有理由相信这座庙宇是农业在该地区发展之前由觅食者建造的。这种想法颠覆了关于觅食者和正式宗教起源的既定观念,因为该观念认为有组织的宗教先于农业出现(并最终迫使农业产生)。

德国考古学家克劳斯·施密特发现了该遗址,并从1989年开始领导对该遗址的挖掘工作,直到他2014年去世。他使这一观点得到了推广:"哥贝克力石阵既不是住宅也不是家用建筑。"他说:"完全没有任何家庭使用的痕迹。在附近未发现任何人类定居的遗迹。那就只有一个用途:宗教。哥贝克力石阵是世界上最古老的庙宇。它不仅是一座庙宇,我认为它可能是一座举行丧葬仪式的建筑。"施密特认为,古代猎人会把死者带到哥贝克力石阵,在那里尸体被兀鹫和其他动物啄食干净,类似于中国藏族人民的"天葬"。

施密特本人是一名天主教徒,他坚信,正是这种共同顶礼膜拜的冲动使人们定居在了首个稳定的聚落中。他认为,要想建造和维护哥贝克力石阵这样雄伟的庙宇，必须发展农业，只有这样才能养活工人队伍、推进工作。在施密特看来，神灵是排在首位的，他们说什么就是什么。可能吧。但是里克森、博伊德和贝廷格提出的基于气候的论点似乎更具说服力，哥贝克力石阵不太像农业产生的诱因，而更像此处文化底蕴丰厚到足以使人们转向农业的佐证。

无论如何，建造哥贝克力石阵的人没有理由不去感恩。他们生活在一个近乎完美的环境中。如今绵延四周的干旱荒芜的山丘，在12 000年前完全是另一派景象。到处都是食物：山上绿草如茵，长着两种野生黑麦和单粒小麦；草地和草场上都是橡树、开心果树和各种坚果树；瞪羚遍布该地区，人们大批捕捉，有时能将整个瞪羚群一举收入囊中；原牛（野牛的祖先）数量很多，通常每只重达2 000磅①。施密特说该地区能为那些建造这样一座寺庙的工人提供足够的食物，这里一定曾是"天堂般的地方"。施密特对记者叶利夫·巴图曼说，"他们在狂欢"，可能有啤酒和其他刺激神经的东西。

从觅食生活转变成这种村落生活一定比较轻松。在这个持续了几个世纪的漫长夏天里，生活绝对悠闲、丰足。野味充足，遍地都是水果、坚果和果实累累的植物。和皮拉罕人一样，第一批村民一定对这个世界充满感激，虽然它有时也会抛出难题，但却是富饶和滋养众生的。自然环境是如此慷慨，人

---

① 1磅≈0.45千克。——编者注

们不再需要四处奔波寻找明天的食物。他们在最富饶的山谷和河岸定居，去附近的山上打猎、采摘，或者结网捕鱼。丰裕的物质滋养了更高级的文化，其中一些文化群落会定期集中贸易、通婚、讲故事。如哥贝克力石阵就是用来纪念死者的，其中的圣殿可能是我们这个物种首次建造，而非发现的东西。

至少从35 000年前开始，人们就在岩壁上绘制野牛、马和自己的手印。但建造哥贝克力石阵的工人并不只是简单地用赭石和木炭在岩壁上涂画，他们通过切割和排列巨大的人形石块，建造属于自己的岩壁。这些人形石块的重量相当于100位将其努力摆放就位的工人的体重。

然而，所有这些丰富的资源造成了结构性漏洞。考古学家布赖恩·费根在《漫长的夏天》一书中解释说，几代人已经习惯于生活在固定的村庄里，这种村庄只存在于资源异常丰富的生态系统中。随着更稳定的社会制度的建立，觅食社会的灵活性和相互依赖性逐渐消失。"人们再也不能简单地搬到水资源更多的地方，或退回到较少人涉足之地"，像人类之前一直做的那样。人们已经丧失了流动能力，"这是一种从人类诞生之始就存在的社会灵活性"。

灾难袭来，来自世界的另一端。冰盖融化的雪水在北美形成了一个巨大的湖泊，即现在研究人员口中的阿加西湖，这个巨大的雪水湖从现代的曼尼托巴省一直延伸到明尼苏达州，约440 000平方千米，比所有现代大湖面积的总和还大。13 500~12 600年之前，阿加西湖完全泄入拉布拉多海，随后整个地球发生了剧烈的改变。大西洋经向翻转环流原本能将热带地区的水带入北大西洋，从而使欧洲气候变暖，但由于冰冷的淡水突然涌入，而受到了阻碍。（随着北极冰盖融化的雪水注入北部海洋，我们现在似乎也在经历类似的过程。）向北撤退的冰川恢复了其向南的冰冷征程。严酷的冬季暴风雨袭向欧洲，随之而来的还有该地数千年未曾见的冰雨。科学家所称的"新仙女木期"的雪弥漫在北方。即使在与欧洲相隔很远的南方，哥贝克力石阵附近地区的气温也下降了大约 12 华氏度[①]。漫长的夏天猝然结束，1 000 多年的干旱期开始了。[6]

因此，农业似乎是对这个猝不及防、令人绝望的变化的应激反应。人口密度过高，由于无法适应现存食物不足的现状，人口会大量死亡。但人们已经习惯了生活在乡村中，随着大量野生食物资源消失，必然会有更多饥肠辘辘的人从偏僻山区涌入。已初具规模的早期等级制度变得更为重要了。

似乎阿加西湖的水一冲破堤岸涌入北大西洋，慷慨的丰饶之神就被一个愤怒的、善妒的、睚眦必报的、一毛不拔的神驱逐了。以前的神就像慈爱的父母，而此时的这个神更像残忍的、吸血的奴隶主。在其统治下，不工作就没饭吃。即使你起早贪黑，也仍有可能饿着肚子入睡。主司安逸、游戏、愉悦和欢笑的神下台了，令人筋疲力尽的艰辛劳动开始了。而我们仍然敬拜这位辛劳、牺牲、贫瘠、驯顺之神。因为没有辛劳，就

---

① 12 华氏度 ≈ 零下 11 摄氏度。——编者注

没有收获。

无论我们最初转向农业的时候,有没有在水边种植野生植物,或为了浇灌枯萎的坚果树挖掘水渠,我们都知道这些做法将我们这个物种带入了一扇通往现代的被遗忘的大门。聪明又绝望的人,只是试图在危急关头做一些小小的调整,生产出更多的食物。就像布赖恩·史蒂文森在纳帕谷雾蒙蒙的清晨伸出援手一样,其意图是好的。然而,在人类第一次成功生产食物而非找到食物的那天,他们的双脚就离开了大地,想放手已经来不及了。

一旦开始,农业革命就是单向的前进运动。但是他们有什么选择呢?只有后人才明白,为了挣扎着延续自己短暂的生命,他们踏上了一条人类此前从未涉足的道路,这条道路将让我们这个物种自诞生以来的一切都变得面目全非。

由于农业是如此成功,在单位土地上暂时生产出了更多的粮食——是觅食社会的100多倍,于是人口早就超载的地区很快涌入了越来越多饥肠辘辘的人。由于耕种属于劳动密集型工作,所以地主需要大量廉价的劳动力。所有权概念(以前仅限于最爱的长矛、项链或衣服),现在几乎具有不可思议的魔力。现在,人们不仅可以拥有土地,还可以拥有多余的食物和种子、水源、家禽家畜,不久的将来,还可以拥有其他人类。由于现在可以用家畜的奶让婴儿更早断奶,妇女在分娩后一两年就能再次怀孕,所以生育率大大高于觅食者,后者通常要母乳喂养孩子3~4年才会再次怀孕。

在平等的觅食社会，妇女曾是受人尊敬的成员，现在妇女在有些地方却沦落到几乎和家禽平起平坐了。由于其角色从食物采集者变成了生育者，所以在同谁结婚、生几个孩子或其他和自身息息相关的事情上，她们几乎没有任何发言权。当我们在《出埃及记》第20章第17节中读到"也不可觊觎你邻居的妻子"时，大多数人都会认为这是在告诫我们要尊重邻居的婚姻。但是联系上下文，会发现语气大不相同："不可觊觎你邻居的房屋，也不可觊觎你邻居的妻子，或男或女奴隶，或牛，或驴，或任何属于你邻居的东西。"这绝不是在告诫我们要尊重邻居的婚姻，这只是在告诫我们要尊重邻居的财产（包括妻子在内）。

我之前提到的特别高级的狩猎采集者，其生活的生态环境比较特别，在某些关键方面已经和农业社会结构很相似了，但其他人却没有用这种方式生活过。这些人口稠密的定居点需要新的社会制度来解决新出现的问题。土地、动物、奴隶和妇女的所有权都需要编入法规。《旧约》中到处都有所有权的影子，现代世界也是如此，这使人们轻易就忘记了这个概念对我们这个物种来说其实过分新颖了。平等主义和慷慨大方的古老习惯被忘却了。四处游荡被安定的生活取而代之，财产得以累积——从山羊到妻子、孩子再到奴隶。这种转变意味着，我们放弃了自诞生以来就一直采用的生活方式。一切都变了。

在这个历史性的分水岭，从许多方面来说，智人都变成了一种与之前不同的生物。从那时起，直到现在和未来，我们这个物种的每位"文明"成员都生活在一个被各种制度约束的社会里。我们的行为规范常常与数百万年来进化出的天生能力和偏好直接冲突。在那数百万年间，分享和个人自治是人类生存的基本要素。我们这个物种本来生活在广阔的世界里，现在却生活在我们自己建造的动物园里。我们的祖先不了解发生了什么，他们就像动植物一样被驯化了。人类和自己的家禽家畜一起生活在这个人满为患、病毒肆虐、屎尿横飞的圈子里，被无缘无故地集中圈养、鞭笞、驯服、买卖、屠杀。赖特提醒我们："我们称农业和文明为'发明'或'实验'，是从后人的角度出发的，但其开始是个偶然，人们是被诱惑着一步步走上这条对大多数人来说通往单调和劳苦生活的道路的。"是的，尽管农业带来了更多食物，但是它们所含的营养却少得多。人口激增而使生活质量下降。文明就像我们这个聪明的物种自己挖出来又随即掉入的陷阱。

大量涌入的人口、每年过剩和匮乏的周期（丰收和等待下一个丰收），都需要严厉的等级制度和劳动分工的快速发展，需要祭司和统治者来指挥和利用平民的劳动，需要雇用守卫来保护当年的收成、监督播种、驱赶盗贼。士兵需要保护定居点积累的财富免遭他人洗劫，或者组织起来掠夺其他定居点的财富。拥有土地和家禽家畜的人，与那些只能出卖时间、汗水和苦力的人之间的财富差距越来越大。

定居点之间以及定居点内部，许多类型的冲突现在已不可避免。更高的生育率意味着农民需要更多的土地来养活不断增长的人口。于是，贪婪的经济增长之神由此诞生，统御至今。不断增长的经济体迅速扩张，为新一代农民提供土地，森林被砍伐用作燃料，无法减缓水土流失；原先肥沃的土地受到雨水冲刷，变得贫瘠。天生具有扩张性的农业社会耗尽了原先土地的地力之后，就会向四周扩张，占领更多的土地。"野人"和"蛮夷"被消灭或赶走了，新一轮循环又开始了。

我们永远无法确切地知道是什么原因促使最后几代觅食者建造了哥贝克力石阵，但其后代似乎对此深感后悔。这些雄伟的庙宇是为了庆贺物质极度丰盛（可以说是伊甸园般）的时光，虽然这段时光出人意料地引发了文明的长期贫乏。它们标志着我们这个物种结束了一段四处迁移的充满平等、自主、感恩的漫长历史，进入了一个财产和财产所有者的世界。也许这可以解释为什么庙宇建造者的后代不仅仅是单纯地将其遗弃而已。尽管感到饥饿和绝望，他们还是不嫌麻烦地把哥贝克力石阵埋进了垃圾堆。人类建造的第一座圣殿以沦为一堆垃圾而告终。

"至善之人"

世界上有很多幽默的事情，其中一件，就是白人认为自己没有其他野蛮人那么野蛮。

——马克·吐温，《赤道旅行记》

永恒进步的叙事的中心思想是，我们比他们更先进、更文雅、更成熟、更精致、更完善。我们是文明人。我们的优越性不言而喻，若有证据表明事实与此相反，则此证据也只会湮没在历史的缝隙中。

哥伦布第一次与他在西印度群岛"发现"的原住民会面时，便为其善良、大方、健美所倾倒了。在致西班牙国王和王后的一封信中，他解释说："他们十分单纯、诚实，绝不吝啬分享自己的东西，若有人向他们讨要东西，他们也绝不会藏私。他们首先把许多的爱给别人，然后才想到自己。"在日记中，他对当地原住民更加赞不绝口："他们是世界上最善良、最温和的人，不知罪恶为何物，既不偷窃也不杀人……他们爱邻居如同爱自己，他们的话语是世界上最甜的蜜糖……他们总是在笑。"哥伦布这样写了几页，接着，历史上最令人不寒而栗的转折出现了，他写道："他们将成为优秀的仆人。只要50个人，我们就能征服他们所有人，然后我们想让他们干什么他们就得干什么。"

仅在哥伦布前两周的日记中，"黄金"一词就出现了75次。这位著名的探险家对黄金的痴迷使他发布了一条地狱般的规定，依照该规定，若印第安人无法交付指定配额的黄金，就会被砍掉四肢。其实，在这些岛上几乎找不到黄金，但这对欧洲人来说无关紧要。正如知名哥伦布传记作家塞缪尔·埃利奥特·莫里森所承认的，原住民根本无法从狂热的欧洲人手下逃脱："逃到山上的，就放猎狗去追；侥幸逃脱的，饥饿和疾病也有他们受的；而剩下的成千上万的可怜人，则在绝望中服食了木薯毒药，结束自己的痛苦。"莫里森估计，仅在1494—1496年这短短两年内，30万泰诺人就死了1/3，而到1508年仅剩6万名幸存者。在几十年之内，"至善之人"死得只剩下几百个了。[7]

我参观过大加那利岛上的克里斯托弗·哥伦布博物馆。我挑了个地方入住，据说哥伦布在航程途中曾在此处短暂休息。我能找到的、唯一提到他与印第安原住民互动的材料，是一份复制的梵蒂冈文件，上面详细记载了他们是如何善待泰诺人的。这真是历史上最深重的遗忘。在我看来，这种遗忘就像希特勒博物馆不提大屠杀一样。

泰诺人的惨剧只是冰山一角，新世界的原住民将遭遇更血腥的种族屠杀。1600年，超过90%的美洲原住民已经死亡。这真是触目惊心，罗纳德·赖特称其为"史上最高死亡率"。在首次接触欧洲人后，100多年里，美洲南部、中部和北部总共死了大约5 600万人。事实上，死的人实在太多了，如此大量人口的突然消失导致了生态环境的变化，这很可能就是17世纪早期欧洲经历小冰期的诱因。[8]

一位名叫巴托洛梅·德拉斯·卡萨斯的多米尼加牧师目睹了西班牙人的一些罪行，并在其1552年出版的《西印度毁灭述略》中将其披露出来。这位牧师写道："在人性广阔的疆域中，这些人是最真诚、最不邪恶、最不虚伪的。然而，一旦进入这个羊圈……有一些西班牙人立即表现得像野兽一样。"卡萨斯写道，士兵随意砍杀路过的印第安人，测试其佩剑是否锋利，无缘无故地将婴儿的头砸到岩石上，会斩首或活活烧死偷取食物的人。任何进行反抗的印第安人都会遭到围捕和杀害。时至今日，亚马孙河上游地区的原住民还会将外来人员称作"pishtaco"，意为"偷油的人"。但是他们指的不是石油。这个词可以追溯到16世纪，那时，诸如洛佩·德阿吉雷等西班牙征服者首次发现该地区。据称，一些西班牙人为防止铁制武器在潮湿的丛林中生锈，就会杀害当地原住民，提炼尸油，用来润滑枪支。

1550年，梵蒂冈组织了一场辩论，一方是卡萨斯，主张印第安人应有人权；另一方是胡安·希内斯·德塞普尔韦达，声称印第安人不是人类，没有灵魂，不配提什么人类尊严。卡萨斯声称自己赢得了在西班牙巴利亚多利德进行的那场所谓的辩论，如果真是如此，就像在克里斯托弗·哥伦布博物馆展出的那份梵蒂冈文件一样，不过是纸上的胜利。卡萨斯并不孤单，还有很多人对这些基督徒的所作所为感到愤怒和羞耻。一群多米尼加男修道士形容其为"罄竹难书的暴行"。他们称，西班牙人以把孩子扔给狗吃、强奸女人、杀害男人来取乐。你可能想知道西班牙人到底出了什么问题，然而对于当时的"文明"探险家来说，其所作所为，尽管如同魔鬼一般，但却是十分寻常的。这些人并没有丧失理智，这就是他们的理智。

"他们在南海对无辜的岛民犯下的滔天罪行简直令人不可置信。"捕鲸者出身的作家赫尔曼·梅尔维尔在给弟弟的一封信中写道,"这些事情很少在国内公开,发生在天涯海角各个阴暗的角落里,没有人出来揭露它们。"1910年,英裔爱尔兰外交官罗杰·凯斯门特在亚马孙河流域和一群橡胶贸易商一起待了几个月。他口中原住民的遭遇和卡萨斯所说的相似:"这些(人)被当成野兽杀害、鞭打、拴缚,并被四处围捕。他们的房屋被烧毁,妻子被强奸,子女被迫沦为奴隶,忍受侮辱,他们还被无耻欺骗,廉价出卖宝物。"

历史记载的文明人和原住民相遇的故事几乎如出一辙。其他文明也同样残忍,阿兹特克人和玛雅人偏爱用人类献祭,古罗马和几个非洲帝国采用奴隶制,提倡人类祭品,蒙古部落所到之处少不了强奸和掠夺。从历史上看,那些将自己视为"文明人"的人认为原住民是低等人类,可以随便摆弄他们。对强者来说,强权就是真理。

就像泰诺人与其他狩猎采集者共享社会、精神和经济经验的核心要素一样,实施种族灭绝的西班牙人遇到了墨西哥的阿兹特克人和秘鲁的印加人后,也注意到了彼此的相似之处。和欧洲人一样,阿兹特克和印加都是实行等级制度的农业帝国。异想天开的自大狂统治着帝国,手下有高度组织化的大型军队,只要一声令下就能轻易占据、覆灭小型的社会。

1519年11月8日,埃尔南·科尔特斯抵达了阿兹特克首府特诺奇蒂特兰,这是当时世界上最大的城市之一,人口达20万~30万人。在欧洲,只有巴黎、威尼斯和君士坦丁堡可与之相比。西班牙人与阿兹特克人的较量是两个文明间的较量。哥伦布对泰诺人的残害,则是文明遭遇了觅食社会之后的反应。

将这种残忍视为人性的一部分是错误的,除非我们也认为西班牙人比泰诺人更高等。阿兹特克人比受他们迫害的人更高等吗?罗马人当然相信自己在人种质量上要优于野蛮人,但这种想法不是早已证明是错误的吗?达尔文最伟大(也最有争议)的贡献之一,就是用科学证明,所有人类都是同等进化的,因为我们都是同一个祖先的后代。

一旦我们同意所有人类实际上都是同等进化的,那么很明显,用人性来解释常见于文明社会,而在觅食者中却很少见或根本不存在的系统性残忍行为(物化妇女、奴隶制、贫富悬殊等)是行不通的。引发西班牙人暴行的不是人性,而是文明。文明使西班牙人相信,他们手中有了高级的武器,他们就成了高级的人。文明创造了肮脏的城市,文明人的祖先由此获得了对消灭美洲数百万人的病原体的免疫力。文明使哥伦布及其手下相信,和黄金比起来,他们为此摧残的人命要轻贱得多。文明让其灵魂扭曲,甚至相信本应慈爱的救世主会赞同甚至要求奴役、残害和谋杀这些世界上最善良的人。

这些都不是为了控诉16世纪的欧洲人、阿兹特克人、基督徒、硅谷企业家或其他鼓吹进步者,而是为了控诉我们敝帚自珍的所谓"文明"这种特殊的社会组织形式。无论是亚洲、非洲、美洲还是欧洲,身处文明社会,人们的生活在许多重要方面都极为相似,狩猎采集者也是如此。不论是阿兹特克人还是澳大利亚人,"文明"人总是认为自己比所谓野蛮人更优越。实际上,有数千个脱离文明社会而"回归自然"的案例,却很少有原住民在有其他可行选择的情况下自愿加入文明社会的案例。真正优秀的社会体系不需要强行招募新成员,但是正如我们所见,在文明的历史中,强制吸收他人的社会体系比比皆是。

不被教化的艺术

> 我坚信,没有政府的社会(比如印第安人),其人民比起受欧洲政府管辖的人民来说,幸福无数倍。
> ——托马斯·杰斐逊(私人信函节选,1787年)

詹姆斯·C.斯科特撰写了《逃避统治的艺术》,聚焦在那些试图摆脱文明的束缚,却被文明以各种方式拖回来的人身上。斯科特在耶鲁大学教授政治科学和人类学,他指出,"在早期国家,人民基本是不自由的",他们普遍想要逃脱。文明社会的人要忍受疾病、饥荒和虐待,同时,早期国家还是"制造战争的机器",使"大量臣民出逃,躲避征兵、入侵和掠夺"。

与这些早期国家对人的奴役相反,有无数觅食者对于其生活的描述都是围绕自治、个人自由和满足的。回顾一下埃弗里特对皮拉罕人幸福生活的描述。他写道:"我跟他们在一起的第一个晚上，就被他们的耐心、幸福和友善震撼到了。很难解释这种无处不在的幸福，但是我相信，皮拉罕人对于自己的能力十分自信，他们能笑对一切，是因为他们能够解决环境带来的一切难题。"

你能胸有成竹地觉得自己能解决生活中的一切难题吗？比如税务审计、入狱服刑、失业？我也不能。

这种面对自然世界带来的难题时的自主和自信，并非只有理想化的"人类猎手"才有。玛格丽特·埃伦伯格清楚地表明，"妇女在觅食社会中的地位通常高于任何其他类型的群体"，并且"社会组织建立的基础是个体和两性的平等"。[9]从结构上讲，这种性别平等不足为奇。当每个成年人都能直接获得生活必需品（食物、住所、群体）、孩子由群体成员共同照料、私人财产很少并且替换很快时，对他人施加强权的机会就少了。文化价值观凸显个人自治、资源互通以及互惠互利，通常在这样的社会中，人们普遍对自己的生活感到满意，不会去按别人的意愿生活。

观察过觅食者的绝大多数人类学家都表示，在觅食社会中，男女相对平等，他们能自由获得资源，并且共同育儿，从这两点也能看出男女平等。马克·戴布尔和安德烈亚·米利亚诺在最近进行的一项研究中发现，性别平等对我们这个物种的存活似乎功不可没。2011年，戴布尔和米利亚诺针对32个狩猎采集者群体进行了研究，其共同点就是群体中有很多无血缘关系者共同生活。戴布尔和米利亚诺推测，如果男人拥有的权力过大，那么整个家庭倾向于与男人的亲戚共同生活，但是如果男人和女人在家庭生活中享有平等的发言权，他们就常常会选择与无血缘关系者一起生活。从菲律宾帕拉南的阿格塔人和中非的姆班吉拉人中收集了两年的数据后发现，奉行男女平等的觅食者与无血缘关系者一起生活的人数，是附近男性占主导地位的农业社会的4倍。米利亚诺认为，与无血缘关系者一起生活，助长了人类与家族外的人合作的趋势，"在组建主要由无血缘关系者组成的营地时，狩猎采集者锻炼出了与其合作的能力"。

但是，如果需求是发明的原动力，那么满足感可能会削弱所谓"进步"的动力。文明社会之外的人的这种颠覆性且不思进取的满足感令达尔文感到不满。他在《人类的由来及性选择》中写道，"游牧生活的习性，无论是在辽阔的平原上，还是穿过热带的密林，或是沿着海岸，都是高度有害的"，"拥有某种财产，一个固定的住所，许多家庭在一个首领下的联合，都是文明所不可缺少的必要条件"。[10] 早些时候，在《"小猎犬"号科学考察记》中，达尔文为火地岛人部落之间的完全平等扼腕叹息，他确信，"这一定会在很长一段时间，阻止他们进入文明"。

觅食者明显的优裕生活与早期农民的极端辛劳和贫穷形成了鲜明的对比，《创世记》中对此有著名的描述："又对亚当说……地必为你的缘故受咒诅；你必终身劳苦，才能从地里得吃的；地必给你长出荆棘和蒺藜来；你也要吃田间的菜蔬。你必汗流满面才得糊口，直到你归了土，因为你是从土而出的；你本是尘土，仍要归于尘土。"原本过着相对自由和轻松的狩猎采集者生活，转而要辛劳务农，过程总是困难的，而且常常是被迫的。这也许是我们这个物种史上最痛苦的转变。从上帝的恩典中堕落。

历史上，如果周边的居住环境能够满足自给自足的生活，人们只有在被诱骗后才会加入文明。斯科特将这种残酷的屈从形容为"绝非温和、自愿的文明之路"。实际上，这些早期文明的主要构成部分并不是文明的参与者，而是财产，"人民大众被当作战利品带回文明中心，或从奴隶猎取队那里直接购买一批国家最紧缺的奴隶"。这些早期国家最需要的是廉价劳动力，以保持文明的运转：种植和收割庄稼需要工人，征服和保卫新领地需要军队，挖掘运河、修筑道路需要奴隶。

这种对人类劳动无休止的需求，也是大多数主要宗教坚决反对不以生育为目的的性行为的原因，这也是文明社会人类苦难的一大来源。尽管有这些禁令，但不以生育为目的的性行为实际上可被视为人类的一大特征。我们是极少数以各种各样的方式热情进行不以生育为目的的性行为的物种之一。但是许多宗教都会对手淫、鸡奸、同性恋，甚至和伴侣房事过频施加严厉的惩罚。若将其视为强迫人口快速增长以扩大文明人口的手段，则这种针对非生殖性行为的怪异禁令就说得通了。实际上，人类是被当作一次性的廉价劳动力（如马、牛或骆驼）来饲养的。

强迫不情愿的人加入扩张帝国，不是只有《圣经》时代或古典时期才会发生的事。在《资本主义的诞生》中，经济史学家迈克尔·佩罗曼解释了在工业革命初期，经济套索是如何在那些试图退出文明事业的人的脖子上慢慢收紧的。"古典政治经济学并不主张由市场力量决定那些小规模生产者的命运，而是希望以各种形式的国家干预来削弱这些人自给自足的能力。"仅仅自己文明还不够，其他人也必须文明。佩罗曼引用了托马斯·彭南特的话，彭南特是一位植物学家，曾在18世纪60年代探索苏格兰高地。彭南特口中的高地人让我们联想到曾多次听过的生活在藩篱之外的原住民的故事："这些人虽然瘦削，但很强壮；他们闲散又懒惰，只有在竞赛或找乐子时才一改常态；他们满足于清苦的生活，绝不做自己眼中不必要的改变。"彭南特的描述与亚当·斯密对原住民的看法相似。"当我们远观野蛮人的生活时，这种生活似乎是极度懒散的，也似乎是伟大而惊人的冒险。"

这种情形是不被允许的。必须把人变得足够穷，才好强迫他们加入矿工、士兵和工人的绝望大军里。一位名叫帕特里克·科洪的伦敦警察说了一个广泛传播的观点，即贫穷对文明的健康来说不可或缺："贫穷……是社会最必要、最不可缺少的东西，没有它，民族和社区就不可能处于文明状态。这是人类的命运。它是财富的来源，因为没有贫穷就没有劳动。对于可能发财的人来说，没有贫穷就没有财富，没有舒适和精致的生活，没有任何好处。"

佩罗曼解释说，对那些试图退出的人施加的一系列强制措施，"像剪刀一样破开了传统生活方式。一个剪刀刃摧毁了人们自给自足的能力。另一个剪刀刃包含一系列严厉措施，阻止人们在有偿劳动体系之外找到替代的生存策略"。在16世纪末期颁布的所谓《都铎济贫法》规定，在英格兰乞讨是违法的。14岁以上的人若被抓到行乞，将被施以鞭刑，会被烧红的烙铁在左耳上烙上标记。若被抓满三次，则会被处决。

这些并非特例。弗兰西斯·哈奇森是亚当·斯密最重要的导师之一，是18世纪中期最杰出的道德哲学家之一。哈奇森建议："如果人们并不勤奋，廉价的生活必需品只会鼓励他们懒惰。最好的补救措施就是，设法提高人们对所有生活必需品的需求。懒惰的人要受到惩罚，至少该罚他受到暂时的奴役。"

别搞错了，人们依然在被拖入市场经济中。跨国公司习惯征用（或通过贪污的政客"购买"）贫困国家的土地，迫使当地居民离开（这样他们就无法在那里耕种捕猎了）。他们会为其中最"幸运"的人提供工作，让其砍伐森林、开采矿物、采摘水果。奴隶的工资通常以公司货币支付，只能在公司旗下的商店以高价购买不健康的工业生产食品。人们通常沾沾自喜于将这些市场入侵的受害者从"赤贫"中拯救出来。曾经，这些人有花园、家禽家畜，可以钓鱼打猎，每天的花费不足一美元。现在，作为奴隶劳工，他们成了经济的参与者。[11]有人告诉我们这是进步。

2014年，在当地居民抗议多年后，印度政府终于将瓦拉纳西附近的梅迪甘杰可口可乐装瓶厂关闭了。[12]印度各地的人一直在谴责该公司的政策，该公司从含水层中抽取了过量的地下水，以至于当地的水井都干涸了。1999年，在世界另一边，与里根和老布什政府的高层过从甚密的美国秘密国防承包公司柏克德的某个部门，从联邦政府手中购买了玻利维亚科恰班巴的市政供水系统。不久后，该公司的代表赶到当地，在水井上安装了水表（其中的许多水井最初都是乡村合作社挖掘和维护的）。当地人的水费平均上涨了50%，基本是因为用了他们自己挖掘出来的井水。对方甚至要求他们支付新水表的安装费，并警告他们，现在收集雨水是违法的。

觅食者因为无法提供产权证明而被迫离开他们生存了几个世纪的土地；18世纪，苏格兰的高地人更倾向于养羊；今天许多美国大学毕业生在找到第一份工作之前，都身负数万美元的债务。这些例子证明，背离市场经济一直都不是一个切实可行的选择。有些人说，我们应该"要么爱戴，要么离开"，我认为这两种选择现在不是，也从来都不是现实的。这就像用枪指着人们的脑袋，迫使他们进入赌场，人们在那里输掉了一切，一代复一代，然后他们被告知自己有滥赌的问题一样。

接下来，我们要探讨关于觅食者和文明人的误导性假设是如何扭曲当代人对自然世界和人性的观点的。但在此之前，让我们先来仔细研究一下马尔萨斯和霍布斯这两个据称是过去500年中非常重要的思想家。

马尔萨斯的错误计算和霍布斯的恐怖秀

托马斯·马尔萨斯是世界著名经济学教授，他对人的苦难的意义，就像莫扎特对搽粉和假发的意义一样。让马尔萨斯名垂青史的是其一个阴暗、影响广大却极度错误的观点，这么说或许是恰当的。

18 世纪末，英国经济极度繁荣，物阜民丰，甚至有像威廉·葛德文（马尔萨斯父亲的密友）这样的激进思想家认为，如果采取更加平等的财富分配方法，每个人都可以过上舒适的生活，这个观点如今开始重新抬头，比如保证基本收入。①

马尔萨斯认为他父亲的这位朋友的观点是幼稚的乌托邦式想法。为了反击这一想法，32 岁的马尔萨斯在 1798 年发表了《人口原理》。他指出没必要帮助穷人，如果财富分配更加平均，每个人都有足够的食物，如果一对夫妻会生 4 个孩子，而这些孩子又会生 8 个孩子，以此类推，人口就会呈几何级增长，而新的土地被用来耕种，粮食的供应也只能呈算术级增长。马尔萨斯认为，由于人口增长总是比资源增长快得多，所以贫瘠和饥饿在人类生活中不可避免。不可能有足够多的东西分给每一个人，现在没有，以前也没有。根据这些看似无可辩驳的推论，残酷的马尔萨斯主义者称，长期人口过多及其导

---

① 葛德文的贡献远大于其名气，因为其思想几乎是从女权主义到《弗兰肯斯坦》的全部基础。

致的极度贫困一直以来都是，并将永远是人类不可避免的命运。马尔萨斯写道："充斥在社会底层中的贫困和苦难是无药可救的。"

这对我们来说可能是个震惊的消息，但许多上流社会的人对此十分支持，因为据此他们就不用对同时代残酷、普遍的贫困负责了，也有了强有力的正当理由对贫困问题不作为了。如果这种状况"无药可救"，那么还不如关注手中的茶和点心，而不必为穷人的苦难烦恼了，毕竟穷人会一直存在。此外，如果能够说服人们相信其悲惨境遇是自然而永恒的，就能阉割掉其反叛的冲动。毕竟，煽动大家改变人类的自然状况，就像妄图对抗时间一样毫无意义。

马尔萨斯对人类生育率的估算是基于过去150年间欧洲人口在北美的增长。他注意到，殖民地人口每一代都会增加约一倍，他认为这个合理的预估符合正常的人口增长率。马尔萨斯这个著名的计算之所以如此重要，一定程度上是因为它使富人心安理得，又摧毁了所有旨在解决经济不平等问题的社会运动，尽管目前尚不清楚这是不是他最初调查的动机。不过，这种貌似建立在某个深层自然结构上的论点，其实为社会的不公提供了轻巧的辩护。我们这个时代有一个差不多的例子，即"智力"主要由基因决定，因此，试图通过财富和机会的更公平分配来影响它只能是徒劳的。

然而，事实上，马尔萨斯对原住民人口增长率的估计错得离谱。[13]与马尔萨斯所谓每一代人口数量都增加一倍不同，考古学家称，进入农业时代之前，人类的数量大约每25万年才增加一倍，而不是每25年。不是每一代，而是每一万代。

难怪马尔萨斯想象中绝望、饥饿的动物与当时探险家实际遇到的相当放松、健康的人类有着天壤之别。从这些探险家讲述的亲身经历中可以得知，原住民的生活远比19世纪绝大多数伦敦人的生活要富裕得多。他们的食物更有营养，工作量更少，睡眠时间更多，病痛更少。

但是，观察到的事实还是无法打败自欺欺人的理论。或许马尔萨斯认为，他身边存在的不公是普遍人性，因此才开始着手解释。然而，世事常常如此，他的解释最终更多地证明和延长了他所见的不公状况，而没有准确地解释其起源或将其放在人类可能性的范围内考量。

即使谬以千里，这个错误也发挥了巨大的作用。马尔萨斯的影响力通过查尔斯·达尔文和阿尔弗雷德·拉塞尔·华莱士达到了巅峰。达尔文和华莱士在世界两端分别独立提出自然选择理论时，恰好都在阅读马尔萨斯的文章。达尔文在自传中写道，阅读马尔萨斯的冷酷方程时，"我突然想到，在这些情况下，有利的变化往往会被保留，而不利的变化会被遗弃。结果就是形成新物种"。因此，自然选择后面的精妙见解（被称为"人类有史以来最不可思议的想法"）是由马尔萨斯的巨大计算错误激发的。

至于托马斯·霍布斯，这个可怜的家伙天生就悲苦。他的母亲在得知西班牙无敌舰队就在英格兰海岸，马上要发起进攻时，因为恐惧而早产了。因此霍布斯还在母亲腹中时，就与恐惧同眠。霍布斯写道："我的母亲生了一对双胞胎：我和恐惧。"[14]霍布斯早已作古，但恐惧依然长存。

往后的生活也并没有变得轻松多少。霍布斯在《利维坦》一书中极力支持建立集权国家，以保护公民免受外部自然和内部野性冲动的伤害。此书在巴黎写就，当时他藏身此地，躲避欲置其于死地的英国人。在完成此书之前，一场缠绵6个月的疾病差点儿要了他的小命。该书一经出版，一些和他一起流亡巴黎的同胞也决定杀死他，因此他又逃回了英格兰，10年前他九死一生才逃离，如今却要祈求他们高抬贵手。他被准许留在英国，但他的书被禁，在牛津被一把火烧光了。

历史学家马克·里拉将霍布斯所处的那个混乱、恐怖的年代总结为"疯狂的"。当时，基督徒因为"末日的幻想而昏昧"，把"曾经针对穆斯林、犹太人和异端分子的狂怒"用来迫害其他基督徒。通过想象可怕的史前生活，霍布斯似乎使自己身处的黑暗日子变得稍微能让人忍受了，甚至连他所置身的如此血腥而混乱的世界看起来也像一种进步。我们不能指责他用这种自欺欺人的妄想慰藉自己，但是我们也绝对不能在接下来的几个世纪里重复这种错误。

1651年，托马斯·霍布斯是这样描述他想象中远离文明的人生活的那个微不足道的世界的：

> 在这种状况下，产业是无法存在的，因为其成果不稳定。

第一部分 起源故事

这样一来，举凡土地的栽培、航海、外洋进口商品的运用、舒适的建筑、移动与卸除须费巨大力量的物体的工具、地貌的知识、时间的记载、文艺、文学、社会等等都将不存在。最糟糕的是人们不断处于暴力死亡的恐惧和危险中，人的生活孤独、贫困、卑污、残忍而短寿（《利维坦》第13章）。

　　事实证明，霍布斯的著名论调是错误的、虚假的、不真实的、有问题的、似是而非的，但却是有用的。请注意，他对原住民生活的描述是如何为所谓的"白人负担论"正名的——拯救原住民，即使在这个过程中杀死了他们。毕竟，这些人是讨厌、粗野又短命的，没有任何艺术或文化修养，只是在勉强忍受着孤独而贫穷的生活。对于这些可怜的野蛮人来说，文明只会是巨大的改善！

　　霍布斯为孕育现代世界的殖民企业所提供的正当理由，在政治上的效用怎么夸张都不为过。像卡萨斯、蒙田以及其他一些人曾做过的那样，为生活在欧洲权威（教会或国家）控制范围之外的人的基本人性与尊严据理力争，就是对欧洲人的种族优越性、殖民主义的基本合法性、手握重兵的人对基督教上帝旨意的阐释的质疑。在充斥着奴隶制、殖民主义和种族主义的那几个世纪，这些观点在经济和政治上的效用怎么说都不为过。尚不清楚的或许是，为什么它们在今天仍然拥有如此大的影响力？

恐惧的功能

> 人是悬挂在自己编织的意义之网上的动物。
>
> ——马克斯·韦伯

理查德·道金斯是当代最著名的科学家之一,热衷于讲述某个极度黑暗的故事。在《伊甸园之河》中,道金斯将动物的生活描述为充满饥饿、痛苦和冷眼的歌剧式磨难之旅。"动物在自然界每年要遭受的痛苦,其总量超出了所有平常的想象。"他用颤抖的手写道,"在我撰写这句话的一分钟里,就有成千上万的动物被生吞,许多其他动物拼命逃生,恐惧地呻吟,另一些动物被体内的寄生虫慢慢吞噬,成千上万各种各样的动物正死于饥渴和疾病。"[15]

按照道金斯的说法,即使最好的时代也只会走向最坏的时代。"如果真有过黄金时代,"他说,"也会自然地导致人口增加,**直到回到饥饿和痛苦的自然状态。**"(此处强调为我所加。)如果你胆子够大,就慢慢体会这句话吧。生命的"自然状态"就是一种"饥饿和痛苦"的状态。这很《旧约》!

在我撰写这句话的一分钟里,有多少人对这样一种危险、丧气的观点极其感兴趣——大自然是他们的死敌,而唯有文明的神迹使他们免于饥饿、痛苦和疾病?

痛苦和掠夺固然存在,但同样还有陌生人的善良、令人窒息的落日美景、深海贝壳上的缤纷色彩、远比必需品更让人欲仙欲死的高潮（别避开它），还有搭配大蒜和黄油的土豆泥。不管怎么说，谈论"每年的痛苦总量"有意义吗？难道更恰当的衡量策略不是将痛苦与安静的沉思、让人沉浸的幸福、简单的满足在生活中分别所占的比例进行比较吗？

对处于文明保护伞之外的生活，不少人与道金斯一样抱持着悲观的态度。尽管这种悲观情绪已经持续了数千年，但当19世纪的哲学家亚瑟·叔本华描写出他对自然世界的看法时，这种情绪达到了高潮——"受尽折磨和痛苦万分的生物，只能通过相互吞噬继续生存，因此，每只贪婪的野兽都是成千上万只其他动物行走的坟墓，这只野兽的自我生存就意味着一连串其他动物痛苦的死亡"。

失去对比例的考量是错误的，即使想到我们自己的死亡时——特别是想到我们自己的死亡时。的确，我们所有人终会一死，何必大惊小怪呢？沉思死亡是一件可怕的事，我明白。但纵观人之一生，死亡却是相对短促的事情。蒙田在其最后一篇日记里指出，行将就木不过是生命尽头一个糟糕的时刻，实在不必为其忧虑。如果死亡过程持续一个小时，那也仅是人类平均寿命的 1/700 000。说到底，这个比例还是相当不错的。如果从 700 000 个小时中抽出一个小时对你来说太多了，那么有更快的方法，保证毫无痛苦，你可以选择自己控制死亡过程，或者找一位"富有同情心"的医生。

至于接下来会发生什么，又有什么好担心的呢？正如马克·吐温所说："我不惧怕死亡。出生之前，我就已经死了数十亿年，也没有感到丝毫不适。"但是永恒进步的叙事一直警告说，文明之外就是丛林，只有文明的城墙才能避免我们"从内部被肆虐的寄生虫吞噬"，被张牙舞爪、虎视眈眈的自然伤害。最近，在观看某一随处可见的自然纪录片时，我发现了这种黑暗宣传的绝佳范例。这个纪录片是讲大白鲨的，旁白一直称呼它们为"深海怪物"。这场表演一开始的主角是一只在海浪中欢快嬉戏的可爱的海豹，几秒钟之后，阴森恐怖的音乐渐渐响起。我们看到一团巨大的阴影在水中移动，大白鲨从深海跃出，开始慢动作咀嚼这只吓坏了的、死到临头的海豹（旁白解释说，捕食录像被调整到正常播放速度的 1/40，大概是为了使恐怖镜头的每一刻都更耐人寻味、难以忘记）。这样的场景，我们都在电视上看过许多次了。当你看着海豹摇动的尾巴消失在"深海怪物"的喉咙中，或羚羊在冷酷的母狮爪下抽搐的时候，很难说自然是不残酷的。此刻，我们或许在想："感谢老天爷，我现在很安全，坐在沙发上，吃着芝士条，喝着大杯可乐。"

但我有一次在海豹附近转悠，并不觉得它们很焦虑。它们要么在温暖的岩石上打盹，要么与其他海豹在水中嬉戏。我觉得它们看起来快乐、健康、放松。我很怀疑，海豹在自然界的命运是否真的像那个慢动作恐怖片所展示的那样糟糕。我计算了一下，斑海豹的寿命一般是 30 年。那个自然纪录片里的血腥死亡实际就持续了几秒钟。所以比例如下：大约有 30 年的时间能与朋友一起出去玩儿、吃新鲜的鱼、晒太阳，最后是出乎意料或毫无痛苦的死亡。即使那只海豹在盛年（15 岁或 20

岁）死亡，它一生中快乐与痛苦的比例也好过我们大多数人所能期望的。

自然是冷漠的，有时还很残忍，但同时，它也是极具同情心的。比如有兴奋效果的内啡肽，在哺乳动物最需要它们的时候就会精准释放。显然，很少有人给出第一手资料，描述自己在捕食者爪下濒死的经历，但是著名的英国探险家戴维·利文斯通却异常清晰地描述了他在某次非洲探险中被一只狮子袭击的经历：

我听到一声咆哮，吓了一跳，环视半圈，看见一只狮子正向我扑来。我站得有点高，它跳起来抓住了我的肩膀，然后我们一起摔落到了下面的地上。它在我耳边发出了可怕的咆哮，就像小猎犬捉弄老鼠一样摇晃着我。撞击使我逐渐昏迷，就好像被猫摇晃后的老鼠感到的那样。迷迷糊糊中，没有痛感，也没有恐惧感，即使清楚地知道正在发生什么。这种奇特的状态，所有被肉食者杀死的动物可能都经历过。若果真如此，这真是我们仁慈的造物主为减轻死亡的痛苦而提供的一份慈悲的礼物。

虽然道金斯最尊重达尔文，但达尔文肯定也会觉得道金斯对自然世界的新霍布斯式恐惧过分夸张了。在《物种起源》"同种个体之间和变种之间的生存斗争最激烈"这一节的最后，达尔文写道："在生存斗争这个问题上，我们能够自慰的信念是：自然界的斗争不是无间断的，我们不必忧心忡忡，死亡的来临常常是迅速的,而强壮、幸运的生物不仅能够存活下去,而且能够繁衍后代。"

乔治·奥威尔有句名言:"谁控制了过去,谁就控制了未来。谁控制了现在,谁就控制了过去。"确实如此。而那些控制着现在的人,很长时间以来一直在歪曲过去。几个世纪以来,我们都听着同样的恐怖故事。早在公元前195年,就说"他人即狼"。从狼吃狼,到霍布斯对原住民生活的鄙视,再到违背事实且从未存在过的所谓血腥、绝望的史前史,仅用了很短一段时间。文明大门外那些野兽栩栩如生的形象,加速了人类自我驯化的过程,它们等待着吞食那些愚蠢到为了自由破门而出的人。童话故事讲述过去的生活有多么糟糕,使我们不会专注于自身当下的痛苦。也许最糟糕的是,我们许多人确信,我们内心就是黑暗的,藏在自私的基因里。[16] 有人告诉我们:"这就是人性,要强奸、杀戮和奴役他人,如果有人认为不是这样的,那么他就是愚蠢的浪漫主义者。"

这种说法不仅冒犯了我们的体面和尊严,而且侮辱了我们的智商。永恒进步的叙事中对人性的固有描述不是科学,而是对现状的营销。这种让人永远害怕的政治观点会腐蚀我们的幸福,伤害我们与生俱来的合作能力、团体意识和友善性格。害怕恐怖分子,害怕钱财散尽,害怕年华老去,害怕陌生人,害怕死亡,害怕鲨鱼,害怕雷劈,害怕害怕本身。这让我们安静并满足地待在我们自认为安全的牢笼中。

我们被有关自然界和人性妖魔化的扭曲观点所左右,并深陷其中。这种观点认为，人性和自然界是敌人的两张面孔，我们应当害怕并征服它，而不是将其视为一位理当尊重并帮扶的盟友。这种有害的废话让我们内部分裂、彼此仇视、对抗地球。我们不断质疑自己和他人的自然冲动是否正当，我们耻于成为动物，我们加剧破坏大自然，因为有人说大自然会把我们直接撕成碎片，或者从内部蚕食我们。毫不夸张地说，这是我们所能想象到的最高级的物种心理病态。

对自然界和人性的双重妖魔化，对现代人情感产生的影响怎么夸大都不为过。政治、经济、外交政策、刑事司法、工作高贵论、爱谁和怎样爱、如何生和如何死——实际上，我们所思所行的一切最终都基于一个信念：不驯服、未开化的是危险、无情、邪恶以及"异质"的。

原始的黑暗进化成了文明和现代之光，若质疑这种鼓吹稳定进步的教义，只会招致轻蔑与嘲笑，这在很大程度上是因为自然界的残酷竞争被认为是自然选择和资本主义的重要推动力。达尔文认为确实有些个体由于自然选择或性别选择而繁殖得更为成功。然而，生殖成功的差异与极不平等的食物资源、无尽的痛苦或早逝没有直接关系。进化并不是痛苦推动的。真正起作用的是有繁殖能力的后代的差异。就基因延续而言，某人可能是一个彻底的失败者（比如我），根本没有后代，但他仍能过上幸福又长寿的生活。

亨利·戴维·梭罗在其经典著作《瓦尔登湖》中表示，十分反感对"上层人物"的顶礼膜拜。写到古埃及法老时，他说：" 说到金字塔，本没有什么可惊奇的，可叹的是有那么多人，竟能屈辱到如此地步，花了一生的精力，替一个野心勃勃的傻瓜建造坟墓，其实他要是跳进尼罗河淹死，然后把身体喂野狗都还更聪明些、更有气派些呢。"

永恒进步的叙事坚持让我们尊重那些被轻信的历史学家重新包装为"缔造者"、"征服者"和"教化者"，实际上却是坏蛋、强奸犯或盗贼的人。我们为其竖立雕像、建造陵墓，纪念他们做出的改变。但实际上，大部分纪念碑纪念的都是不太光彩的历史，是有些人出于极度自负和野心而做出的事情。亚历山大·赫尔岑说过："历史是一个疯子的自传。"历史上，一些所谓"伟人"都是猖狂的犯罪分子。我们之所以纪念他们，是因为他们"改变了世界"。然而，有什么证据表明他们做出的改变是好的改变呢？更保守的结论难道不应该是这些野心勃勃的傻瓜身后的遗迹改变了文明，反映了其扭曲的价值观和抱负吗？没有合乎逻辑的理由使人相信是过去决定了现在。这就是某些人所惯用的扭曲思维，他们宣称："我不后悔所做的一切，如果我回到过去改变了什么，我就不是今天的我了！"

"在那种情况下，曼森先生，假释不予受理。"[①]

在《亚当夏娃在拂晓》中，我和卡西尔达·杰萨将从被现

[①] 这句话中的曼森先生是指美国连环杀手查尔斯·曼森，他是臭名昭著的杀人狂魔，是邪教组织"曼森家族"的领导人，也可以说是人类社会中魔鬼的化身。虽然曼森被称为"最危险的杀手"，但他却拥有众多的崇拜者。作者在此处提及曼森，是为了呼应上段的内容。——译者注

在扭曲的视角来回顾过去的过程称为"燧石化"(flintstonization)。环顾四周,根据你此时所看到的来想象过去的样子,只不过更原始、更质朴一点。毕竟,此时此地的一切都是确定无疑的,对吧?当然不是。萧伯纳曾说:"爱国即相信你的国家远远好于其他国家,因为你生在这里。"这种盲目的信念会让我们对恰巧身处的历史时代产生偏颇的判断。我们称之为"现在论"。我们身在此地,因此这里就是最好的地方!

虽然我们恰巧身在此时此地,但并不意味着现在就一定比被历史践踏、抛弃的那些世界要好。历史恰好是这样发展的,并不意味着这是历史发展的最佳结果。如果人们不同意此观点,就会拥抱某种宿命论,并争辩说,历史上付出的一切代价都是值得的:黑暗的中世纪、鼠疫、千年奴隶制、无休止的战争、无数种族屠杀、迪斯科——所有的一切。确实,我们经历了一段漫长的历史过程。然而,这是一段进步的历史还是一段退步的历史,抑或只是一段漫长的历史罢了?

关于原始力量

如果有充分的自由能按照自己的利益行事,除了眼前的利益,就没有什么能够阻止某人虐待、残害、谋杀自己的兄弟、伴侣、父母和孩子。若抓破"利他者"的皮,就会看到"伪君子"在流血。

——迈克尔·吉塞林,《自然经济与性的进化》

在 20 世纪最有影响力的非虚构作品之一《自私的基因》中，有一段话颇为经典，理查德·道金斯希望我们尝试战胜他眼中对我们来说根深蒂固的自然倾向。他写道："让我们设法通过教育把慷慨大度和利他主义灌输到人们头脑中去吧！因为我们生来就是自私的。让我们懂得我们自私的基因居心何在，至少可以有机会去打乱它们的计划，而这是其他物种从来没能做到的。"多么激动人心的说辞，但如果基因天生是自私的，而我们与黑猩猩及倭黑猩猩又享有约 98% 的共同基因（与其他哺乳动物共享的基因比例则稍低），那么为什么我们的利他主义被说成战胜了由基因决定的天性，而蚂蚁、海豚、蜜蜂、兽群和许多其他灵长类动物的利他主义却是和其基因决定的天性相一致的呢？尽管道金斯可能是在世的最伟大的达尔文作品的推广者，但两人对人性的看法似乎有着天壤之别。道金斯的人类例外主义与达尔文的中心思想相反，达尔文认为"虽然人类与高等动物的思维差异巨大，但差异只是程度上的，而非种类上的"。

我们希望道金斯是在做隐喻，然而事实并非如此。在《自私的基因》中，他清楚地表明，人类的自私是与生俱来的，是镌刻在我们的 DNA 中的。道金斯将人类视为"生存机器——编程随意、只想保留被称为基因的自私分子的移动机器"，而这些基因的世界充满了"野蛮的竞争、残酷的剥削和无耻的欺骗"。基因如此，人也如此，因为"这种镌刻在基因里的自私会让个体的行为变得自私"。

道金斯最终得出结论："对苦难视而不见是自然选择的必然结果。"这与达尔文的观点相左，达尔文认为同情心和利他主义赋予了社会动物明显的进化优势。在笔记中，达尔文说道："观察人类，就像博物学家观察其他哺乳动物一样，可能会得出一个结论，人类具有养育幼崽、寻觅伴侣和进行社会交往的本能……这些本能构成了对他人的爱意或仁慈……这种积极的同情心使个人忘记了自己，并自愿付出去救助、保卫他人，为其出头。"这些思想贯穿了达尔文的一生，他在《人类的由来及性选择》一书中或许最为有力地表达了这一观点。这本书在他去世前11年出版，讲述了他遇到的一位动物园饲养员的故事："几年前，一位动物园饲养员向我展示了他颈背上几道尚未完全愈合的很深的伤口，是一只凶狠的狒狒在他跪在地上时抓伤的。有一只和饲养员特别亲近的小美洲猴和这只狒狒生活在一个隔间里，它十分惧怕这只大狒狒。然而，当这只小美洲猴看到饲养员处于危险之中时，便立即跑去施救，发出尖叫声，撕咬狒狒，使饲养员趁机逃脱。"

达尔文认为，这种跨物种的无私行为不是特殊事件，而是社会物种某些基本特性的外在表现。"许多文明人尽管从未为他人冒过生命危险，但是其心中充满了勇气和同情心，可以无视自我保护的本能，立即跳入急流，拯救溺水的人，即使他们和对方素不相识。在这种情况下，就像前述的英勇的小美洲猴，它通过攻击那只巨大又可怕的狒狒，救了饲养员，人类受到了与其相同的本能的驱使。"

但是对于道金斯、斯蒂芬·平克和其他新霍布斯主义思想家来说，利他主义者并没有进化优势，"自私的叛逆者"才有。道金斯在《自私的基因》中清楚地阐明了这一点：

几乎可以肯定，即使在利他主义者的群体中也有少数持不同意见者拒绝做出任何牺牲。假如有一个自私的叛逆者准备利用其他成员的利他主义，按照定义，他比其他成员更可能生存下来并繁殖后代。这些后代都有继承其自私特性的倾向。这样的自然选择经过几代之后，利他性的群体将会被自私的个体淹没，就不能同自私性的群体分辨开来了。

这种假设情景是永恒进步的叙事和"理性自利"的基础，一般认为后者对资本主义至关重要。在许多书籍和讲座中，这种口头禅式的假设被一遍又一遍地重复，而且几乎是逐字逐句地重复。平克写道："除非这个群体的基因是固定的、封闭的，否则突变者或移民会不断出现。自私的渗透者很快就会与其后代一起掌管这个群体，他们人数更多，因为在自己没有奉献的情况下，他们窃取了他人通过奉献得来的好处。"

尽管这种思想实验在理论上似乎说得通，但却让人想起了一句老话："在理论上，理论与实际是相同的。但实际上，它们完全不同。"道金斯和平克无疑在各自的生物学和语言学领域都很出色，但他们似乎并不清楚觅食者为了吓退"自私的渗透者"所采取的种种措施。这些机制为人类学家所熟知。

克里斯托弗·贝姆研究觅食者政治和权力已有40多年了。他梳理了许多人类学家的田野报告，他们研究了约150个能给予直接回馈的狩猎采集社会。他的荟萃分析得出的结论，与平克和道金斯所假定的前提相反。贝姆仔细阅读了有关社会行为类别的报告，例如援助无血缘关系者、群体羞辱和处决社会异端，他认为，觅食者对有血缘关系者与无血缘关系者，一贯以慷慨和利他主义平等待之。"四处迁移的觅食者普遍（甚至是时时刻刻）都在关注不受他人权威控制，"贝姆写道，"这是其基本政治风气。这种平等主义的方法，似乎被以小群体形式生活、四处迁移的觅食者普遍采用，表明政治上的平等主义源远流长。"

若自私者自以为是地利用其他觅食者的慷慨，他们并不会被视为"聪明的机会主义者"，而会被认为是可怜的潜在危险分子，很可能会被人从最近的悬崖上推下去。这样的自私者在现实的觅食社会中连长时间生存下来都是侥幸的，更不用说兴旺起来了。觅食者的"极端平等主义"还是十分生猛的。

觅食者之间的平等主义并不意味着其能力或成就没有差异，也并不意味着觅食者没有自己的等级制度。相反，他们小心翼翼地确保等级制度和对他人的爱戴不会影响机会平等与资源获取。考古学家罗伯特·凯利解释说：

"平等主义者"一词并不意味着所有成员都拥有同等的商品、食物、声望和权威。平等社会是指……该社会的每个成员都能平等地获取食物、用来挖掘资源的技术以及成名的机会。因此，平等主义的关键要素是"个人自治"……平等主义并不仅仅是等级制度的缺失……维持平等主义需要社会付出努力。[17]

贝姆提出了一个不合常理的观点：平等主义需要密切关注等级制度。为了维持一个平等的社会团体，觅食者会不断颂扬并深化其反等级制度的社会准则。贝姆认为，"如果要建立一个稳定的平等主义等级制度，就必须使社会的基本权力流向反过来"。这样一来，普通百姓相较那些有野心、有实力只手遮天的人来说就占了上风。可以看出，这种古老的民主动力就是民主理念的核心，代议制政府中也有它的影子。如果"一人一票"以及"人人生而平等"所清楚传递的不是我们极度奉行平等的祖先那种典型的反集权思维，那又是什么呢？正如灵长类动物学家弗兰斯·德瓦尔等人所表明的，尽管我们有各种各样的冲动，包括自私的冲动，但是正义和个人自治的冲动已经在从前人类的灵魂深处流淌了数百万年。[18]

当然，能使社会发展失衡的机会很常见，因此，觅食者会采用传统、幽默和嘲讽这几种手法维持社会和谐。例如，在博茨瓦纳的昆申族部落，猎杀动物的功劳以及分配肉的责任和荣誉，都归于射中猎物第一箭的主人。但是，由于人们经常在一个名为"hxaro"的物品交换机制中交换箭，所以第一支射中猎物的箭的主人甚至可能都没有参加狩猎，更不用说杀死猎物了。交换箭的传统能有效随机分配地位。

为了使最优秀的猎人不自高自大，人们帮忙运送猎物时，经常会抱怨猎物质量低下："你叫我们赶这么远的路过来，就是为了把这堆骨头运回去吗？哎呀，如果早知道只有这点猎物，我们才不会来呢。"

某位来访的人类学家对此感到十分疑惑，不明白为什么有些人对他人的狩猎成果会如此不屑一顾，有个昆申人对此做出了解释："年轻人猎获了许多肉后，会渐渐觉得自己是个酋长或什么大人物，而将其他人视为仆人或下等人。我们无法接受。我们不接受自吹自擂的人，因为某天他的骄傲会使他犯下杀人的罪行。所以我们总是说他猎杀的肉毫无价值。这样，我们才能使他的欲心不再炽盛、行为不再骄矜。"[19]

地球另一边，因纽特人也用同样的方法让年轻族人不要得意忘形。就像肯特·弗兰纳里和乔伊斯·马库斯在《人类不平等的起源》中写的："食物共享至关重要，因纽特人甚至通过嘲笑他人来防止私藏食物和滋生贪欲。这是一个真正平等的社会，任何私藏食物或睥睨他人的举动都会被阻止。熟练的猎人和能干的供养人会受到大家的尊重，但是人们也希望他是个慷慨谦逊的人。"[20]

"自私的渗透者"这种说法遗漏了一个相关因素：狩猎采集者普遍拥有武装至少50万年了。若某个强大的男性试图胁迫他人或攫取权力，武器就可以制止他。贝姆说，这种武器的不断出现，对"史前群体中等级的反转至关重要"。若温和的措施对"自私的渗透者"不怎么奏效,那么致命武器可以让处理这些家伙变得简单。除此之外,贝姆认为致命武器的出现甚至可能改变了我们这个物种的结构和生理机能:"50万年前,武器可以改变政治行为,也就是说有两万代的人会由于武器而影响基因选择,包括体型和体格、行为表现、犬齿大小、毛发分布,还可能包括两足行动的效率。"[21]

觅食社会很快就会让那些夸夸其谈、自认为比其他人都优越的吹牛大王尝到苦头。即使是受人尊敬的领导者,如果自吹自擂,也会失去地位。成员也可以选择离开群体,人类学家就称觅食社会为"裂变-融合"社会。黑猩猩和倭黑猩猩有着共同的社会动态,这表明这种动态或许可以追溯至数百万年前。群体会依据食物供应、季节性气候变化、社会张力等环境变化而聚散。人类学家彼得·柏伽基在《人类社会起源》中解释说:"更新世的人类群体中,个体之间的联系都是流动性的,受个体之间是否亲近影响,由此产生友谊,而不论是否有血缘,由血缘决定的固定关系少见得多。"[22] 在这种"流动性"的联系中,群体内和群体外的身份不断变化,从未真正固定下来。

如同黑猩猩和倭黑猩猩,人类倾向于将女性外嫁,这种倾向使狩猎采集者的内部构成更为复杂。一旦性成熟,女性就会离开自己出生的群体,加入别的群体,对线粒体DNA的最新研究以及数十年的田野报告均证明了这一发现的可靠性。[23]

自然选择不一定是战争,这一点很重要,它仅仅是许多代人生殖结果的细微差异慢慢累加造成的。积累这种差异不需要剥削或杀死任何人。有些人只需要比其他人拥有更多存活下来的后代。然而，新霍布斯主义者仍然坚持认为，我们的祖先在马尔萨斯式的地狱中摸爬滚打，一丁点儿食物就能让饥饿的野人拼个你死我活。对我们这个物种史前历史的这种看法，不仅忽略了关于当代觅食者的人类学文献，[24] 而且和殖民主义者同流合污，认为我们是"文明人"，而他们是"野蛮人"。

尽管这种说法很有说服力且广为流传，但大多数研究狩猎采集者实际生活的人都认为，这种对于人类史前史的看法是过时且不准确的。例如，人类学家尼里·伯德-戴维总结了有关狩猎采集者行为的学术研究，认为这反映了他们"可能的富裕"，而不是永恒进步的叙事的中心论点中所说的贫瘠。"就像我们通过假设西方人拥有的不够多才如此行事来分析并预测其行为一样，"她写道，"我们可以通过假设狩猎采集者物质丰裕才如此行事，来分析甚至预测其行为。"[25]

***

然而，有据可查的人类暴行又该如何解释呢？战争集中营又该如何解释呢？1961年，一位名叫斯坦利·米尔格拉姆的心理学家设计了一项研究，来调查若当权者下令，让人们伤害无辜的陌生人，他们会有何反应。米尔格拉姆称，当被告知详情后，面对表现出明显痛苦的陌生人，65%的研究参与者都重复选择了他们认为会使人越来越痛苦的电击。

或许可以认为，米尔格拉姆的整个职业生涯，就是为了尝试理解和阐明第二次世界大战中集中营所犯下的罪行。他发表的第一篇文章的第一段就提到了毒气室。巧合的是，该实验首次发表时，阿道夫·艾希曼正在以色列接受审判，并且审判现场进行了电视转播，在这场审判中，汉娜·阿伦特创造出"平庸之恶"一词来形容她所看到的一切。

在著作《电击器背后：臭名昭著的米尔格拉姆心理学实验背后不为人知的故事》中，吉娜·佩里解释说："米尔格拉姆强调了像艾希曼这样的纳粹主义者与其实验室里的研究参与者之间的联系。其发现似乎表明，只要当权者下令，普通人就会伤害他人。"米尔格拉姆的研究似乎证明了新霍布斯主义关于人性的假设是正确的，人们如今还在引用其实验来证明人性正如霍布斯所描述的那样。我们在内心深处都是肮脏的野蛮人，只是受到了文明缰绳的控制。米尔格拉姆证明了这一点。

但是有一个问题。佩里重新检视了原来的研究笔记，她说："米尔格拉姆并没有在实验中观察到他所描述的这种僵尸般的、奴隶式的盲从。"她指出，人们通常引用的那个65%（遵从实验者的要求，将电击器电压开到最大的人的比例）的数据只是其中一组数据，米尔格拉姆还另外设置了23组，"每一组都有不同的脚本、演员和实验设置"。而且数据达到65%的那一组研究参与者只有26人。总共有700多人参加了实验，实验中的服从率差异很大。在某些情况下，没有一个研究参与者服从命令去电击陌生人。实际上，佩里发现，总的来说，大多数研究参与者完全拒绝伤害别人，这与他们希望数百万名学习"心理学入门"课程的学生相信的说法完全相反。

因此，毫不奇怪，随后的研究得出了与米尔格拉姆不同的结果。牛津大学的莫莉·克罗克特及其同事进行了一项研究：受试者可以选择电击他人或自己，以换取金钱。克罗克特说，实验结果"不仅与传统的人类利己主义假说相矛盾，而且与更现代的利他主义观点相矛盾。最近的理论声称，人们或多或少会重视他人的利益，但绝对不会超过对自己利益的重视。我们已经证明，当可能造成伤害时，大多数人会更保护他人。人们更愿意从自己的痛苦而非他人的痛苦中受益"[26]。

尽管有许多关于战争残忍暴行的故事，但即使在战场上，很多人也被他人的痛苦深深影响着。约书亚·菲利普斯在《我们以前都不是这样的》一书中采访了曾在伊拉克虐待囚犯（通常是在命令之下）的美国士兵。菲利普斯发现，这些人一离开战区，就开始感到极度内疚，患上创伤后应激障碍并开始滥用药物，几乎无一例外，在这些人中，自杀并不少见。人类学家戴维·马洛在第一次海湾战争后进行了一项调查。马洛后来在美国国防部工作，他表示："退伍军人说，杀死一名敌方士兵，甚至目睹一名敌方士兵被杀，都比自己受伤更痛苦。"但马洛发现，更糟糕的是失去朋友。"一场接一场的战争中，一支又一支的部队中，失去一个知心朋友可能是最令人崩溃的事。这远比自己可能丧命还要让人害怕，这也常常成为士兵战时或战后心理崩溃的诱因。"[27]

显然,即使历经数月的战争脱敏和战场压力训练,大多数人也无法若无其事地伤害他人或目睹他人受害。这与霍布斯及其现代拥护者所描述的生物相去甚远。

如果对我们这个物种的这种新霍布斯主义看法如此离谱,为什么它还四处流传呢?科学说法的流传度和持久度通常与其对主流神话的支持程度而非科学准确度有关。米尔格拉姆的发现之所以十分快速地被吸收进我们的文化结构中,只是因为其支持永恒进步的叙事,而不是因为它是真实的。

人类倾向于慷慨和友善,这是人性最基本的一面,而不是被文化强制施加的用来掩盖我们自私天性的一层道德薄膜,就像扔在沾满血迹的地板上的廉价地毯一样。正如灵长类动物学家弗兰斯·德瓦尔所说:"从来就没有什么我们变成社会动物的转折点,我们是高度社会性的动物,是猴子和猿类的后代,我们一直过着群居生活。"德瓦尔指出了许多经济和进化理论的黑暗前提:假设我们在本质上是十分自私的生物,是文明社会教导(或强迫)我们彼此友好相处。相反,德瓦尔认为,在内心深处我们天生就倾向于合作,他同意达尔文的观点,即道德的基本组成部分是脱胎于进化过程的。因此,道德不是"人造的空壳",而是"我们群居动物历史上不可或缺的一部分,是我们灵长类动物社会本能的延伸"。[28]

道金斯的论点——"在这个世界上,只有我们,我们人类,能够反抗自私的复制因子的暴政"——引发了一个令人尴尬的问题，即他是否认为人类融入了这个动物王国，又在何处融入。道金斯将人类的利他合作能力视为对遗传决定论的独特反叛，而认为其他群居物种的社交能力与其遗传相符，这似乎是在暗示，人类天生获赐免受所有其他生物共有的染色体限制——这种观点荒诞到就像是将世界上最著名的无神论者推上布道坛。

第二部分 灾难频发

（当今的永恒进步的叙事）

第 3 章

野蛮的野蛮人的神话
（向和平宣战）

人是所有动物中最邪恶的，生命是一系列以胜利或失败告终的战斗。

——唐纳德·特朗普

在接受诺贝尔和平奖时，奥巴马说："战争，以这样或那样的形式，随着人类的诞生而出现。在历史初期，战争的道义性无人质疑。它是客观存在的现实，如同干旱或疾病，是各个部落以及后来各种文明谋求权力和解决分歧的方式。"当我听到这样一个受过良好教育的聪明人说出这些过时、虚假的想法时，我想起了马克·吐温，他曾疑惑"主宰这个世界的到底是愚弄我们的聪明人，还是彻头彻尾的蠢鬼"。还有一种可能——这个世界是由被几代散布无稽之谈的学者所误导的聪明人主宰的。[1]

1924 年，考古学家雷蒙德·达特发现了非洲人类祖先的化石，进而声名大噪，他为永恒进步的叙事提供了令人作呕的画面效果：早期人类是肉食动物，用暴力攫取猎物，将其殴打致死……用猎物的鲜血抚平饥渴，贪婪吞食猎物的肉。希望你还有胃口吃甜点！

没有渴饮猎物鲜血、生嚼猎物鲜肉时，我们的祖先大概对彼此的血肉垂涎三尺。科学记者尼古拉斯·韦德在《纽约时报》的一篇文章中向读者保证，原始部落之间的战争持续不断且残酷无情，其目的通常就是消灭对手，而这个目的往往会实现。人类学家理查德·兰厄姆和戴尔·彼得森在一本名为《雄性暴力》的书中将现代人类描述为持续500万年的致命侵略传统中的幸存者。难怪奥巴马会接受这种无处不在的说法。

新霍布斯主义者提出了三种主要证据来支持其史前战争无休止的观点：

1. 主要从黑猩猩身上提取的灵长类动物数据，大约在500万年前，我们与黑猩猩有共同的祖先（因此，兰厄姆和彼得森才说出"持续500万年的致命侵略传统"）；
2. 据称反映了当代狩猎采集者和我们祖先一样野蛮的人类学数据；
3. 他们认为证明了人类数千年来干戈不断的考古发现。

很难说这张凳子的哪一条腿最不稳固。我将一一证伪。

灵长类动物证据

用黑猩猩的群体冲突来解释人类战争的起源是一种强有力的修辞手段。如果战争是某种早在几百万年前，我们的祖先还未和黑猩猩（它们内部有时会存在致命的群体冲突）分化开来时就深深根植在人类体内的东西，那么战争必定是我们这个物种的天性。

但是这个论述存在严重缺陷。首先，将黑猩猩描述为"和我们血缘最相近的灵长类动物"，而绝口不提倭黑猩猩（另一种和我们血缘相近的灵长类动物），可能会引起深深的误解。其次，在战争起源于古老灵长类的这些压倒性言论中，就算提及倭黑猩猩，也只会一笔带过。大家之所以避谈倭黑猩猩，可能是因为倭黑猩猩的一些行为会让人感到尴尬，例如它们有相互手淫的嗜好，以及毫无歉意的同性性行为和偶尔的乱伦，它们的生活中充斥着放荡不羁的无耻和清闲。不过，倭黑猩猩存在的最尴尬之处可能在于，其群体之中完全没有致命攻击行为。没有战争，没有谋杀，没有奸淫掳掠，没有杀婴。也就是说，没有证据能支持人类战争的"灵长类动物起源"一说。如果我们共同的祖先最终分别进化成了人类、黑猩猩和倭黑猩猩，那么按照基本的科学和新闻原则，倭黑猩猩的反战性格也应该像黑猩猩的残忍好战性格一样受到严肃作家的关注，但事实并非如此。

在上文提到的《纽约时报》的那篇文章（名为《当猩猩发

怒时》，发表于2010年6月21日）中，12个段落中倭黑猩猩仅被提及一次。韦德将倭黑猩猩形容为"猩猩性情平和的近亲"，而黑猩猩则被说成与人类拥有共同的祖先。这给人一种错觉，仿佛黑猩猩和倭黑猩猩相比，前者与人类享有更多共同的基因，这完全是错误的。黑猩猩、倭黑猩猩还有我们人类都拥有同一个祖先，三者是不同的后代分支。因此，如果其中一个是我们的近亲，另一个也是。在关于人类性格或行为的灵长类动物起源研究中，还没有任何正当科学理由能让我们刻意淡化或忽视倭黑猩猩的重要性和相关性。与黑猩猩相比，倭黑猩猩和人类行为的相关性只多不少，因为我们身上有很多与其相同且仅与其相同的特点。[2]

倭黑猩猩不只是在战争的讨论中明显缺席。任何时候，当严肃的权威人士声称雄性人类的暴力承载在其古老的血统里时，倭黑猩猩都不会被提及。你可以翻翻生物人类学家迈克尔·吉列里那本经常被引用的《人类的黑暗面》，看看能否在其对强奸起源的解释中找到倭黑猩猩的踪迹：

> 男人不是强奸的发明者。相反，他们很可能是从我们的祖先猿类那里继承了强奸行为。强奸是一种标准的男性生殖策略，可能已经有数百万年的历史了。人类、黑猩猩还有红毛猩猩常常强奸雌性。野生大猩猩会强行绑架雌性以便与其交配。

吉列里提到了四类猿（人类、黑猩猩、大猩猩、红毛猩猩）作为强奸的灵长类起源论的基础，然而猿其实有五类。倭黑猩猩被略去不提，即使在数十年的观察中，从未发现该物种出现过强奸行为，在野外没有，在动物园里也没有。³

倭黑猩猩并不是打破原始混乱状态的决定论观点的唯一灵长类动物。如果施加适当的社会压力，甚至连以争执闻名的猕猴和狒狒也能学会和平共处。弗兰斯·德瓦尔记录了一个实验，将恒河猴和短尾猴放在一起生活。前者以好争辩、脾气暴躁闻名，而后者以在冲突后能迅速和解著称。在这个混杂的群体中，固执好斗的恒河猴很快学会了放松，不同种群的猴子很快一起睡在了一个"庞大芜杂的猴子群里"。

神经科学家罗伯特·萨波尔斯基在肯尼亚观察到一群狒狒也发生了类似的转变。狒狒种群中具有攻击性、地位高的雄性狒狒在吃了附近垃圾场的腐肉之后都死亡了，只留下攻击性比较低、地位不高的雄狒狒，它们对骚扰妇孺没有兴趣。萨波尔斯基担心这些温和的雄狒狒将会无力抵抗群体中下一代成长起来的年轻雄狒狒。但是过一段时间回到肯尼亚后，他发现群体中的新雄性还是采用了温和的方法，而不是试图改变。显然，战争的灵长类起源论存在严重缺陷。⁴

人类学和考古学证据

可悲的是，新霍布斯主义者对人类学和考古学文献的讨论可能与他们对灵长类动物的研究一样有限。在2011年出版的

《人性中的善良天使：暴力为什么会减少》中，斯蒂芬·平克认为现代暴力和战争的水平远低于史前时期，那时"长期的洗劫和斗争……就是生活的常态"。平克没有引用任何文献，就列出了觅食者一定参与过残酷战争的一系列原因：

觅食者可以通过侵略获得土地，比如狩猎场、出水口、河岸或河口，还有燧石、黑曜石、盐铁这些有价值的矿藏。他们还可以劫掠牲口以及贮藏的食物。（注：牲口和贮藏的食物是觅食者所没有的，不然他们也不是"觅食者"了。）此外，他们常常为争夺女性而战。有时，男人洗劫附近的村庄，就是为了绑架女性，轮奸她们，再将她们一一分配做妻子。

两位专门研究前农业社会的人类学家——道格拉斯·弗赖伊和帕特里克·瑟德贝里对这些断言感到惊讶。"在（四处迁移的觅食者的）实际数据中，找不到任何为了战利品或政变、食物贮藏点、出水口、狩猎场、水源、燧石、黑曜石、盐铁、轮奸女性、抢夺别人的妻子而屠杀劫掠的实例。"弗赖伊和瑟德贝里得出的结论是，"四处迁移的觅食者的实际数据和平克关于劫掠的观点对不上"，而且"四处迁徙的觅食者其实基本上不会劫掠周边的群落"。[5] 这些认为狩猎采集者的生活普遍存在致命暴力行为的扭曲观点并非无关紧要。实际上，它们构成了平克著作中核心论点的必要基础，即"暴力在时间的长河中渐渐削弱了，今天我们可能生活在我们这个物种诞生以来最和平的时期"。考古证据根本不支持这一观点。正如弗赖伊在《战争、和平与人性》中解释的那样，"世界范围内的考古证据都表明，在人类生存的大部分时间里，战争都是缺位的"。此外，考古记录"清晰无误"地显示，在我们这个物种从觅食生活转向大型农业聚落之后，"战争才兴起，暴君才出现，暴力才激增，奴隶制才繁荣，妇女的社会地位才一落千丈"。文明并没有减少人类暴力所造成的破坏。相反，文明是大多数有组织的人类暴力运动的起源。

关于什么算是屠杀，什么算是"战争"，哪些觅食者最能代表我们祖先的生活方式，哪些出土的骨骼是相关的等问题，理智的人可能意见相左，但我在此提出的解释，在所有对觅食者做过任何相关研究的人中都是没有争议的。例如，平克经常引用罗伯特·凯利博士的文章，这位博士是考古学家中的佼佼者。他撰写了超过100篇论文和评论文章，出版了多部著作，包括两本美国大学广泛使用的考古学教科书，他曾在多所大学担任系主任一职，还曾是美国前沿考古学期刊《美国古物》的编辑。他绝对是主流专家。凯利出版了《觅食幅度》一书，这个书名意图明显，凯利想要突出觅食社会的可变动性。凯利说狩猎采集者生活在"小型、**平和**、四处迁移的群体中，男女拥有的财物很少，他们拥有平等的财富、机会和地位"（句中强调为我所加）。你觉得凯利博士不够主流吗？翻开《剑桥狩猎采集者百科全书》，你会看到，四处迁移的觅食者"生活在相对较小的群体中，没有中央集权、常备军和官僚体系"。作者明确说明:"现有证据表明,他们的共同生活出奇地和谐,内部问题内部解决,基本不必求助权威人物,**也没有特别的暴力倾向。这并不像 17 世纪伟大的哲学家托马斯·霍布斯所形容的是'所有人对所有人的战争'。**"(此处强调为我所加。)

那么新霍布斯主义者是在哪里找到证据来支持其讨厌的主张的呢?平克介绍了 8 个"前国家"社会,用这些社会为所谓觅食者祖先的典型死亡率建立了基准线。我想让平克讲解一下,在两万年或更多年前他选择的 8 个当代前国家社会如何能够代表狩猎采集者大众(我这种做法是公平的,因为别人也能通过特定的例子,用同样的逻辑反驳我)。

他曾将"园艺社会"当作"觅食社会"的代表,在早期论文和书中一直都是这种提法,没有修正其偏差,我就不大加批判了。[6] 在许多学者指出他把"狩猎采集者"和"园艺社会成员"混为一谈后,平克就不再把自己所举的例子称为"狩猎采集者"了,转而使用模棱两可的"前国家社会"。确切来说,"园艺社会"确实是"前国家社会"(如果你接受觅食社会和园艺社会必定会发展成国家这个有问题的殖民主义前提假设的话)。然而,即使为了论证而接受这一前提,园艺社会也无法代表觅食社会,就像青少年不能代表婴儿一样,尽管这两者都是"未成年"。按照定义,园艺社会成员拥有自己的园子、家禽家畜和固定居所——这些都是值得让人为之战斗的。而按照对觅食者群体的定义,他们没有这种累积的财富。

弗赖伊核查了平克用于其觅食者战争死亡数据的原始人类

学资料，其中包括2009年塞缪尔·鲍尔斯在《科学》上发表的一篇文章[7]，发现平克的观点暴露出了更多问题。弗赖伊发现，平克所依据的社会中，巴拉圭的阿谢人和委内瑞拉/哥伦比亚的希维人这两个社会，"所有所谓的战争死亡人数都涉及边境牧场主杀害原住民"，这种悲惨的情景与更新世时期四处迁移的狩猎采集者中的战争死亡人数无关。得悉平克将入侵的定居者对原住民的谋杀作为证据，证明这些可怜的原住民有着所谓天生好战的习性，弗赖伊出奇地愤怒，猛烈抨击这一点："要搞清楚，所谓在战争中死亡的人，都是被委内瑞拉人谋杀或屠杀的原住民。所有这些在杀戮中死去的人都被算进所谓战争死亡人数中，仿佛这与估算的更新世战争死亡人数有什么关系似的。"有人希望这只是因为平克没有足够仔细地阅读手上的原始资料，才对自己所犯的错误一无所知，但是据我所知，他没有进行任何更正，也没有撤回这个结论。

在弗赖伊编辑的书《战争、和平与人性》中有另一篇文章，布赖恩·弗格森深挖了平克的数据，得出的结论也一样让人难过。弗格森花了整整一节来写"平克的列表"，因为它起到了至关重要的作用，有力支撑了平克的所谓约15%的总人口和超过1/4的成年男子都死于折磨我们史前祖先的长期战争这个观点。弗格森写道，"这些数字当然是不言自明的"，但是"平克的列表是由他精心挑选的、有极高死亡人数的案例组成的，显然无法呈现史前史"。弗格森详细介绍了平克在其讨论中遗漏的上下文，并得出结论："所有对史前人口的考古记录……都清楚地表明，起初并无战争，随后，零星爆发，并且从不同地区的不同演变轨迹可以看出，社会越庞大、越复杂、越少迁移，界限越清楚，等级越森严，战争也随之慢慢出现。"弗格森总结说："我们并非生而为战，而是后天学会的。"

平克的数据分析和其数据展示一样很误导人。平克将博茨瓦纳的昆申族作为例子，指出他们是经常被天真的观察者误解的暴力觅食者。"昆申人曾被伊丽莎白·马歇尔·托马斯在其书中描述为'无害之人'，那本书就叫这个名字。"平克语含讥刺地说，"但是后来人类学家在当地扎营，收集数据，时间久了，发现昆申人的谋杀率比美国内陆城市还高。"

那些人类学家一定在当地驻扎了好久好久。平克无法解释，或者说无法理解的是，在一个 150 人的小群体（昆申人一般都以这个规模聚居）中，若其谋杀率与美国最致命的城市相同（每年约万分之二的谋杀率），也就是说当地三四十年才发生一起谋杀。即便当地统计的谋杀率是巴尔的摩或底特律的两倍，平均下来，每代也只有一人死于暴力谋杀。[8]他们绝不是平克所说的肮脏的、粗野的生物。

凯利的著作是平克许多数据的来源，甚至连凯利都知道，如果不谨慎展示的话，那些数字很容易误导人。凯利写道："民族志学者观察到的觅食社会关系的底色就是十分积极的，充满了友谊、友情和共同分享，很少有争吵或肢体冲突。"

只要我们心怀善意、深思熟虑，只要获得诺贝尔和平奖的政治领导人还在口若悬河地讲战争伴随着人类出现之类的虚假故事,我们又怎能走向甚至畅想一个没有战争的世界呢?这种讲述战争古老起源的说法是对人性的错误解释,令人唏嘘的是,它也阻碍了人们根除不必要的野蛮行为。

第 4 章

非理性乐观派

　　英国上议院世袭议员、英国某大型银行的前首席执行官马特·里德利阁下说,别担心,要开心,一切都很好,而且一直在不断变好。里德利著有《理性乐观派》一书,这本书就像是一首对进步的热烈赞歌,他在书中称人们对乐观主义者的评价往往是不公平的,并引用了 20 世纪保守派经济学家弗里德里希·哈耶克的话:"无条件相信进步均有利,是思维浅薄的表现。"但是哈耶克对进步的看法比里德利所知的更微妙。在里德利引用的这句话的下一段,哈耶克继续说:"从没有足够的证据证明'文明过去、现在和将来都朝着理想的方向前进'这个断言,也没有任何根据,能将所有改变视为必要,将所有进步视为理所当然并且永远有益。"

　　不过,《理性乐观派》当然还是最典型的"别担心,要开心"类型的代表。稍稍研究一下里德利的论点和他采用的修辞手法就会发现有趣的事情,这本书就是一首平淡无奇的现代赞歌，而这种赞誉基于里德利对原住民生活以及文明进步之代价惊人的无知。实际上，这本书的扉页就暗示了接下来的内容。扉页上有简短的题词和插图，解释说明过去两千年来世界人均GDP的增长情况。书中的图表并未明确说明财富的定义、财富与幸福生活的关系以及财富的分配方式。题词引用的是托马斯·巴宾顿·麦考利的话："如果我们觉得人类过去一直都在进步，那么人类的未来就会不断恶化，这种判断究竟基于何种准则呢？"

任何头脑清醒的人，如果回顾历史，都会很快发现，人类的过去除了进步，还有很多值得注意的东西。实际上，历史上每一个高级文明最终都陷入了混乱和毁灭，没有充分的理由表明，我们的结局会不同。政治学家威廉·奥菲尔斯在《无节制的扩张》中指出了文明具有内在的不可持续性，并将其描述为"智人试图超越自身已生活了约20万年的自然环境的大胆创举。不幸的是，就其本质而言，这种创举似乎使坚定的道德和实际的进步从原本的活跃和道德状态发展成了最后懒散和堕落的样子"。在这本书的其他地方，奥菲尔斯还描述了文明所面对的悲惨绝境："成熟的文明掉入了熵阱，几乎不可能逃脱。现存的能量和资源不再能够维持现有高级文明的运转，因此，文明开始提前消费未来并吸食过去以消耗自身，这就慢慢走向了最终的内爆……这就是文明的悲剧：其自身的'扩张'——其所有的财富和权力——反过来成为使其灭亡的助力。"[1]

"人类过去一直都在进步？"得了吧。

里德利用两句话就带过了一些人"仍然生活在痛苦和匮乏中，比石器时代最糟糕的时候更甚"这个事实，之后就进入他的正题。"大多数人的饮食、居住环境、娱乐条件比他们的祖先好得多，医疗卫生条件也更好，比其祖先更长寿。"我不知道里德利是如何衡量我们祖先的娱乐条件的，但是他所有的胜利宣言似乎都比看上去更具争议性。

爵士风情

里德利在书的首页热情赞颂智人的惊人成就，他写道："到 21 世纪中期，人口将在这 10 000 年中从不到 1 000 万扩大到近百亿。"然而，面对这种人口激增，我们到底是该乐观还是绝望呢？只有在农业发展早期，扩张的社会在资源、贸易路线、奴隶等方面互相竞争时，人口才是越多越好。这种认为人越多，生活可能就会更好、更安全的观念，反映了一种过时的衡量标准。实际上，情况可能恰恰相反。

拿鸡举个例子。查尔斯·达尔文首次提出，东南亚一种名为原鸡的野生物种可能是现代鸡的祖先，这个预测已被最近的 DNA 测试证实。没有人知道，在被驯养之前，有多少只这种鸡在灌木丛里乱飞乱跳，但相比如今的 500 亿只鸡，肯定只有很少的数量。

饲养的肉鸡和成千上万的同类一起，在肮脏的棚子里度过一生。选择性繁殖和生长激素滥用，导致动物成长过快，双脚被自身重量压得变形，器官无法正常运转。同时，母鸡整日被关在叠放的铁丝笼里，承受"屎风尿雨"，一旦产蛋量下降就会被送去屠宰场。凭哪一点说，原鸡是个幸运的物种呢？

觉得我的"鸡论"不够有说服力吗？人口增长最快的10个国家和地区分别是利比里亚、布隆迪、阿富汗、西撒哈拉、东帝汶、尼日尔、厄立特里亚、乌干达、刚果民主共和国和巴勒斯坦。这些国家和地区中，你觉得哪一个是成功的？如果说有什么东西是要求质量胜过数量的，那肯定是美好生活的衡量标准。

那我们不断增长的财富呢？里德利声称："一个人所想或所需的几乎所有东西，供应量在过去200年里一直在迅速增长，而在此之前的10 000年里都是不稳定增长的状态。寿命、清洁的水、清新的空气、私人时间、比跑步更快的交通方式、比叫喊传播更远的交流方式。"[2]然后他滔滔不绝地说："这一代人与前人相比，接触到了更多的卡路里、瓦特、流明小时、平方英尺、千兆字节、兆赫、光年、纳米、蒲式耳/英亩、英里/加仑、食物里程、空中里程，当然还有更多的美元。他们还有尼龙搭扣、疫苗、维生素、鞋子、歌手、肥皂剧、杧果切片机、性伴侣、网球拍、制导导弹以及其他意想不到的东西。"

我绝不会批评某人对尼龙搭扣和杧果切片机的热爱，那我批评什么呢？如果我们同意生命质量的标准最好用光年、网球拍和制导导弹来衡量，那么我猜想我们的文明确实就是最先进的。然而，如果相比美元、肥皂剧和兆赫，你更重视社区、个人自治、生活的意义，那么你可能会得出不同的结论。（如果有人能一脸严肃地说，现在的空气和水比 10 000 年前更洁净，那真是超乎我的想象。）

里德利知道会有像我这样的反驳者："这其实不必说，事实确实如此。如今有些人认为过去的生活更美好。请注意，这种浪漫的怀旧一般是有钱人的特权。当你不必使用茅坑的时候，赞颂农民的生活会分外轻松。"然而，10 000 年前肯定既没有农民也没有茅坑。这种诱饵销售法是新霍布斯主义话术的惯用伎俩。本来你试图修正对更新世觅食者的错误描述，接下来你就会被误导，转而修正中世纪下水道的问题。此外，里德利不厌其烦地批评其反对者被财富迷了心窍。而他本人是在城堡里长大的，继承了一个上议院的职位，还曾是英国某大型银行的首席执行官，在其领导下，这个银行最终破产了。"被财富迷了心窍"这句话从他嘴里说出来不奇怪吗？

关于国家健康

里德利把众所周知的观点又重申了一遍："绝大多数人得病的概率都下降了。"但实际上，与石器时代的人相比，我们更容易感染致命的疾病，原因很简单，因为除了极少数疾病外，致命的传染病在史前时代都是不存在的。它们是文明本身的副产品。在农业出现之前，人类并不驯养家禽家畜，它们身上携带的病原体也不会变异成致命病菌。肺结核、霍乱、天花、流行性感冒和其他重大疾病都是在农业时代的人口中心出现的，它们产生了变异，适应了人类宿主，而人口聚居的密度给疾病的大范围传播提供了机会。

许多致命的非传染性疾病也是如此产生和传播的。文明带来了它们，而非阻止了它们。人类进化的生理机能和西方文明倡导的饮食习惯、生活方式之间的错位，是文明社会中许多疾病产生的根源。冠心病、肥胖症、高血压、2型糖尿病、癌症、免疫性疾病和骨质疏松，在觅食社会中很少见或根本不存在。[3]

相同的情节在研究人员面前一次次上演，他们发现，世界各地在"发展"过程中莫不如此。在一篇名为《进步的代价》的文章中，人类学家约翰·博德利调查了转向文明后社会成员患上的典型疾病。[4]第一，在加入全球化经济体系之后，人们患肥胖症和糖尿病的概率提高了。第二，发展破坏了原有的生态平衡，细菌和寄生虫引发的疾病发病率大幅度上升（例如，建筑项目产生的大量积水会增加疟疾的发病率）。第三，当社会发展失败时（常常如此），曾经能自给自足的人，最终却只能生活在贫穷、肮脏的贫民窟里，这种脏乱差的环境很容易导致健康危机。

博德利参考了一个八人专家团的研究结果，该专家团由医学专家、人类学家和营养学家等组成，受新西兰医学研究委员会和世界卫生组织的资助，调查南太平洋各地拥有相同遗传基因的人的健康状况，观察现金经济、现代饮食习惯和城市化的影响。经过 8 年的调查，团队称，他们"逐渐发现，岛民越西化，就越容易患上退行性疾病"。他们总结道："实际上，现在看来，我们的证据应该可以证明，太平洋原住民越不遵守他们祖先那种安静、无忧无虑的生活方式，就越容易患上痛风、糖尿病、动脉粥样硬化、肥胖症和高血压。"

那牙齿健康呢？牙齿健康总该是一个巨大的进步吧？

其实不然。

1894 年，水牛比尔[①]在伦敦表演《西部狂野秀》时，拉科塔印第安人健康的口腔令伦敦人感到惊讶。当年的《皇家人类学研究所期刊》发表的一篇文章称，尽管这 10 个拉科塔人中有一半年龄都在 40 岁以上，但没有一个有龋齿或掉牙的。

20 世纪 30 年代，一位名叫韦斯顿·普赖斯的美国牙医研究了世界各地的部落居民，以了解什么有助于牙齿健康。普赖斯去了阿拉斯加、加拿大育空地区、哈得孙湾、温哥华岛、佛罗里达州、安第斯山脉、亚马孙河、萨摩亚、塔希提岛、新西兰、澳大利亚、新喀里多尼亚、斐济、托雷斯海峡、东非和尼罗河。无论去到哪个地方，他的发现都是一样的：如果人们仍然遵守传统的饮食习惯，那么牙齿就很健康。但如果他们开始向"现代"饮食习惯过渡，就会经常出现龋齿、掉牙和其他牙齿问题。新的饮食习惯会导致慢性口腔感染，从而削弱免疫系

---

① 水牛比尔原名为威廉·科迪，是美国西部开拓时期最具传奇色彩的人物之一，是一名马戏表演者。——译者注

统，降低对其他疾病的抵抗力，还会导致"牙齿拥挤、牙齿错位、牙龈疾病、面部变形和鼻腔挤压"。和许多早先前往新西兰的旅行者一样，普赖斯对原住民毛利人的强健和美好印象深刻，却对西方饮食习惯对他们造成的影响感到沮丧，他写道："龋齿（蛀牙）高发，以及90%的成年人和100%的儿童都患有牙弓畸形，这些都证明了他们已经现代化。"

出土的农业社会以前的骨骼证明了普赖斯的观点，在遵循现代文明和单一文化的饮食习惯之后，折磨现代人的龋齿和牙龈疾病才出现。比如，科学家分析了在现代苏丹出土的骨骼遗骸后得出结论，居住在该地区的狩猎采集者，只有不到1%的人患有龋齿。然而，一旦当地人开始从事农业，发病率便迅速提高到20%左右。当我们的饮食习惯和物种的进化需求相适应的时候，就不会患有龋齿，甚至有证据表明龋齿可以自愈。[5]

"姑息疗法"（可追溯到15世纪）一词的原始含义是"不管病因，只减轻病情或病症"的疗法。古人类学家丹尼尔·利伯曼和其他许多对物种进化环境有着深刻理解的专家都认为，"进化失配"是我们大多数健康问题的根源。如果这是真的，那么严格来讲，不承认和不解决这些基本矛盾的医学方法就是姑息疗法，而非疗愈或预防措施。

比如乳腺癌一直被称作"修女病"，因为医生注意到，单身、没有孩子的女性比生了孩子的已婚女性更容易患上这种疾病。得到这一发现后，人们对乳腺癌和子宫癌的高发率与女性月经次数之间的关系做了大量研究。女性月经期间的激素波动，会使乳房、卵巢和子宫的细胞分裂。这些都很自然。

在工业社会，一般来说，女孩会在12岁（某些人种会更早）经历月经初潮，大约40年后才绝经。一般来说，她们会怀孕一到两次，怀孕年龄一般在30岁上下。如果完全采用母乳喂养，可能母乳也只持续几个月。因此，一个女性一生的排卵／月经次数是350~400次。

女性觅食者一般在16岁或17岁开始排卵，这是因为她们的体脂更低，也没有受到塑料和家禽家畜中的生长激素以及食物中的添加糖的影响。女性觅食者一般会在第一次排卵后约一年内怀孕（在觅食社会，女性一般不守贞），并母乳喂养每个孩子3~4年。[6] 由于哺乳期闭经，通常会让采用母乳喂养的妇女停止排卵（对于低体脂的觅食者更是如此），同时，由于生活在与自身相适应的生理和社会环境中，女性觅食者只会月经来潮80~100次，只有文明社会女性的约1/4。由于每次月经来潮都会使女性体内分泌出大量的激素，所以相关组织研究的癌症发病率在近代爆发式增长也就不足为奇了。[7]

詹姆斯·拉里克博士及其同事到厄瓜多尔的亚马孙地区考察相对封闭的瓦奥拉尼人，发现其健康状况在世界上首屈一指。[8] 瓦奥拉尼人身上没有任何人体系统衰竭的迹象，例如心脏病、癌症、中风和糖尿病等。瓦奥拉尼人体内没有寄生虫，也没有迹象表明之前有脊髓灰质炎、肺炎、天花、水痘、伤寒、斑疹伤寒、梅毒、结核病、疟疾和血清肝炎。此类发现证明，心脏和循环系统问题、癌症、中风和糖尿病基本上都是我们创造的环境与人体渴望的环境失配所导致的。

有助于思考的食物

里德利和其他永恒进步的叙事的支持者大肆宣扬乐观主义，其中一个主要观点就是，我们现在比史前时代的人"吃的要好得多"。该结论基于新霍布斯主义者的假设，即农业出现之前，人们普遍挨饿，这与真实情况恰好相反。比如，卡拉哈里沙漠的昆申族觅食者平均每天摄入2 140卡路里，含93克蛋白质。[9]因为他们以80多种野生植物为食，而我们只依赖几种会歉收的作物，我们可能面临的饥荒，他们几乎不可能遇到。尽管觅食者偶尔会遇到食物短缺的状况，但流动性和多样化的饮食习惯使其能够适应不断变化的环境，我们现代人却根本不可能做到。觅食者的遗骸表明，他们偶尔会面临饥荒，但持续时间不会太长。然而，如今联合国粮食及农业组织估计，2014年，全球约有8.05亿人长期营养不良。[10]也就是说，每9个人中就有1个人营养不良。声称"我们比觅食者吃的要好得多"，就是把你理解中的"我们"删去8亿多人。

20世纪60年代初期，人类学家詹姆斯·伍德伯恩带领一队医学研究员调查坦桑尼亚哈扎部落的儿童的营养状况。研究员惊讶地发现，这些儿童的营养状况非常优秀：不缺乏蛋白质，并且没有一个人低于相应年龄的标准体重。

马克·内森·科恩对这些问题进行了人类学和考古学研究，并撰写了调查报告。在调查报告《健康与文明的崛起》中，科恩基于对觅食者普遍类似的发现推断，如果将觅食者"与人类历史的真实记录，而非我们对文明进步的浪漫想象相比较，他们的表现会出奇地好"。对现代觅食者的人种学描述以及考古记录使科恩认为，"**人类饮食的质量和数量在走下坡路**"（此处强调为我所加）。科恩说："即使是记录中最穷的狩猎采集者，热量摄入也比当代城市的贫困人口要高。"以前的社会常态是，每个人都能吃好，偶尔会有短暂的饥荒。现在则是，有近20亿人肥胖或超重（还有许多人营养不良），同时却有超过8亿人长期处于饥饿状态，或快要饿死。这个"进步"到底是指哪方面？

你也许讨厌偶尔的短暂饥饿，但其实时不时稍微饿一饿对健康是有益的。[11] 实际上，延长寿命的唯一有效方法是限制热量摄入。70多年前，生物学家发现，在给动物提供无限量食物的情况下，假如果蝇、大鼠、小鼠、狗和灵长类动物将卡路里的摄入减少至平时的 2/3 或更少，其寿命就会延长。不仅寿命延长，而且会更健康。限制热量摄入似乎能预防癌症、糖尿病和神经退行性疾病。加州大学洛杉矶分校的病理学家罗伊·沃尔福德发现，若将老鼠的食物供应量减至其需求量的一半，老鼠的寿命会延长两倍。

在《美国临床营养学期刊》上发表的一篇文章中，克丽斯塔·A. 瓦劳迪和马克·K. 赫勒斯坦罗列了许多限制热量摄入的益处，都被实验证实，实验对象包括人类和非人类动物。在不限量提供食物的情况下，若动物将进食量减少15%~40%，其胰岛素敏感性、心血管健康和压力反应会明显改善。他们表示，偶尔吃得比平常少一些还有其他好处："提高平均寿命，突破最高寿命年限，降低自发性和诱发性癌症发病率，防止神经退化，减少肾病发病率，减缓生育功能衰退。"

也许你已经相信，觅食者的生活质量没有你所了解的那么差，但是他们的寿命长度呢？我记得曾在《纽约客》上看过一幅漫画，大多数读者大概会觉得这幅漫画构思很精妙，而我看到后却只想捶墙。两个穿着毛皮的"穴居人"坐在火堆边，其中一个说："这很奇怪。我们呼吸干净的空气，喝清洁的水，只吃有机食品……但是，我们还是只能活到30岁。"也许我们祖先的生活并不像我们听说的那样肮脏和野蛮，但他们寿命很短，对吧？这对吗？

长寿的谎言和天堂的代价

在我还是个孩子的时候，有那么一两年，"死婴笑话"在学校里风靡一时。我还记得一两个。这些"笑话"不搞笑，但它们本来就不是为了搞笑的，而是为了触动某个点，就像用舌头不停舔松动的牙齿。(给夭折婴儿的最好的圣诞礼物是什么？一只死去的狗崽子。对一些10岁的孩子来说，可能这个笑话很好笑。)

一些学者认为，上述笑话描述的现象始于20世纪60年代的美国，是堕胎合法化和从越南传来的可怕画面引发的。婴儿的死亡几乎最能引发人类的恻隐之心。为了不让别人指责我美化史前史，我必须说清楚一点：觅食者为其健康、幸福和人身自由付出了很大的代价。偿还这一代价的"货币"很珍贵：死婴。

在之前提到的坦桑尼亚的哈扎部落，研究人员发现那里的孩子非常健康，但当地1/5的婴儿在出生的第一年就夭折了，而46%的孩子活不到15岁。[12] 这个数据反映了受访的觅食者部落寿命的中位数。这一点也不好笑。这些儿童的高夭折率帮助厘清了人类长寿的谜团。想象一下，你和你的家人与其他20个家庭一起住在一个小岛的南岸。你所在的村庄里，每个人都过着舒适的生活，他们都是中产阶级，家庭年收入约为75 000美元。但随后，比尔·盖茨决定购买该岛上无人居住的北岸，并在那里建造了一座豪宅。盖茨的年收入约为115亿美元，这就意味着这个岛上的家庭平均年收入现在超过了5亿美元。突然变得如此富有，你感觉如何？你不期望如此吗？欢迎来到虚幻的平均值世界。希望你的税单不是在岛上依据平均收入的基础开出的。

马克·吐温有句名言："谎言，该死的谎言和统计数据。"这也可以用来指那些常常被引用的数据，人们用其论证人类寿命由于文明而翻了一番或三番。预期寿命的增加主要是因为现在有更多的婴儿能长大成人。婴儿死亡率下降，出生时的平均预期寿命就会上升。若将夭折人数计算在内，平均寿命基本在30~40岁。但是30岁或40岁的人从来都不算老。人类学、医学、进化生物学和灵长类动物学的专家都一致认为，人类的自然寿命一直都是60~80岁。

在综合论文《狩猎采集者的寿命：跨文化考察》中，人类学家迈克尔·古尔文和希拉德·卡普兰放弃了不可靠的平均数，而采用了模态死亡年龄，即"大多数人的死亡年龄……大多数人在这个年龄都感受到了身体实实在在的衰退，迟早都会因为某种原因死亡"。换句话说，模态死亡年龄就是个体寿终正寝的年龄。那么我们这个物种的模态死亡年龄是多少呢？古尔文和卡普兰再清楚不过了："成年人的模态死亡年龄大约是70岁，70岁前人类还能精力充沛地生产，在那之后就迅速衰老，走向死亡。我们假设人体在我们这个物种进化的环境中可以正常运行约70年。"[13]

21世纪的美国人，有钛合金髋关节、透析机和24小时的家庭护理，其预期死亡年龄约为85岁，仅比大多数狩猎采集者的死亡年龄长10年左右。对灵长类动物生理数据的综合研究进一步发现，如果利用猴子和猿类设置比较组，基于解剖学相似性做出预测，智人的预期寿命可达91岁。作者指出："若考虑'进化'寿命，人类寿命10万年来都没有改变的说法基本上是正确的。"[14]

对人类寿命数据的错误理解和错误陈述，导致几代医生和研究人员忽略了大量证据，这些证据表明现代人的懒散、压力、饮食习惯等都是致病因素。例如，许多心无恶意的医生认为，慢性背痛是因为现代人的寿命是我们祖先的两倍。他们教育医学生，人体正在崩溃，因为其实际使用年限比设计寿命更长，就像1958年款的雪佛兰如今还奔驰在哈瓦那街头。出于这种对人类进化普遍又错误的认知，慢性疼痛、关节衰弱、认知障碍以及40多岁后出现的许多其他健康问题似乎都成了进步的象征，但其本来面目是现代生活使我们生病的证据。

例如，加州大学旧金山分校的一位生物物理学家在接受NBC（美国全国广播公司）旗下的新闻节目《NBC晚间新闻》的采访时解释说："直到两三百年前，我们的普遍寿命才超过45岁，所以我们的脊柱实际上还没有进化到现代人的水平，能终生对抗重力，让我们保持直立。"再感受一下《发现》杂志上的胡言乱语："过去一个半世纪中，富裕国家人民的平均寿命正在稳步增长，从大约45岁上升到80多岁。没有充分的理由认为这种增长会突然停止。"等一下，有充分的理由证明它会趋于平稳。当我们没有婴儿可救治时，婴儿死亡率会停止下降，这种统计数据的诡计就会被揭露。关于平均寿命的错误信息已经催生了一系列错误的临床结论，包括如何以及何时治疗患者、采取何种预防措施以及在哪里查找疾病的根源。

对人类寿命的误解也可能导致制定错误的政策。小布什主张社会保障私有化，他陈述的部分理由是该制度歧视非裔美国人，因为他们中有很多人死得太早而无法获益。在与黑人领袖的一次会晤中，小布什说："非裔美国男性比其他美国男性死得更早，这意味着该制度对某些人就是不公平的。"但是正如经济学家保罗·克鲁格曼所说："小布什先生针对非裔美国人的言论，加深了人们对预期寿命的误解。的确，目前黑人男性的预期寿命只有 68.8 岁，但这并不是说黑人勤恳工作一生后，死前仅能享受数年的社会保障福利。黑人的预期寿命低，主要是由于黑人儿童和年轻人的死亡率太高了。"

尽管史前婴儿死亡率比今天要高得多，但这似乎一点也不像看起来那么毫无疑义。首先，这些死去的婴儿很多都是"产后堕胎"，他们要么在资源枯竭时期（例如严重旱灾期间）出生，要么患有先天畸形或其他残疾。而现在如果在产前检查中发现胎儿先天不全，孕妇通常会选择堕胎。因为先天不全的婴儿在世上活不了多久，只有四肢灵活、精力充沛、眼神敏锐的人才能更好地适应环境。

"杀婴"绝不是觅食者才有的行为，以前在欧洲非常普遍，甚至还有专门的弃婴医院来收治马路边的弃婴。19 世纪初，巴黎出生的婴儿约有 1/3 被遗弃在了弃婴医院。[15] 弃婴医院中，孩子的存活率也很低。1818 年，巴黎的一所弃婴医院收治了 4 779 个婴儿，其中 2 370 个婴儿在 3 个月内死亡。其他弃婴收容所也是惨淡收场。圣彼得堡医院收治的弃婴有一半在出生 6 周内死亡，只有不到 1/3 的婴儿活了 6 年。

有些国家有重男轻女的现象，健康的女婴也可能被流掉。我不是为了和人争论堕胎道不道德，而是要强调计算上的荒谬，为什么在计算史前人类预期寿命时要将婴儿死亡计算在内，而在计算当代人预期寿命的时候要把每年数百万次的堕胎排除在外呢？

死婴并不好笑，随着生育力的提高、婴儿死亡率的降低以及宗教对节育的抵制，全球人口激增，这也不好笑。觅食者中婴儿死亡率高（但人口增长缓慢，生活质量较高），而现代人中婴儿死亡率较低（但人口随之呈指数级增长，数十亿人口在贫困线上挣扎），若将两者放在一起比较，人们可能会得出不同的结论。萨拉·赫尔迪是狩猎采集者育儿领域的世界前沿专家，她认为婴儿存活问题可能比看起来要复杂得多，尽管许多婴儿无法在狩猎采集社会中存活下来，但那些幸存的孩子一般会被善待，文明社会里的孩子就没这么好的待遇了：

> 那些在当时幸存下来的孩子在成长环境方面的条件确实要好得多。儿童死亡率很高，但没有虐童或者情感疏忽现象。情感疏忽会导致不安全型依附这种心理病态，有这种经历的孩子……根本没法幸存。父母和其他群体成员对任何可能威胁儿童生存的事物都非常敏感。虐童是绝不允许的。[16]

没有一个人的祖先（不管是不是史前祖先）是在婴儿时期死去的，也就是说，他们可能活到七八十岁。若要继续传播人类寿命增加了一倍这种观点，就会无视人类本来就能长寿这个事实。这一点已经被全面并且反复证明了，该观点不是科学，而是用来兜售当下的广告文案。

第三部分 古镜映像

（生而为人）

> 人是可以适应任何事物的生物,我认为这是对人最好的定义。

——费奥多尔·陀思妥耶夫斯基

他们说"性格决定命运",如果是这样,那么想要预测智人的真正命运,最好的方法就是了解我们这个物种的真实性格。我们到底是怎样的生物?有时很难说,因为作为一个物种,我们的自我意识已经被扭曲了,新霍布斯式胡言乱语和自吹自擂的文明宣传使我们无法看清史前史。

人类是适应性很强的生物,但是我们能够适应各种恶劣的环境并不意味着我们就应该去适应。像老鼠和蟑螂一样,在会使大多数物种迅速灭绝的环境中,智人已经找到了在其中生存和繁殖下去的方法。如今,人类钻进阳光照不到的地下几英里,漂浮在地球上方很远的地方,翻找城市的垃圾堆,在铁轨旁睡觉，还想要在汽车后座上养一家人。虽然我们能适应这种极度恶劣的环境，但是并不意味着我们适应得很快，或我们的适应性行为是自然行为。

"人性是什么？"这个问题就像在问："H_2O（水）的自然状态是什么？"环境的影响很大。物质是呈液态、固态还是气态取决于温度和压力。同样，人类也可以是平等或自私、暴力或平和、合作共赢或相互竞争的。环境起着决定性作用。许多科学家由此对人性避而不谈，他们会说："我们的适应能力太强了。""我们有各种各样的'自然'行为。"就目前而言，这是对的。但这种解释并未触及根本。

人类很复杂，我们之间的倾向和行为也存在很大差异。什么是我们心中的"自然行为"？文化说了算。食人、乱伦、杀婴、吃兔子或吃幼犬等在某个社会习以为常的习俗，在另一个社会可能会被认为惨无人道。达尔文明白文化灌输对我们这个物种的影响有多深，他在《人类的由来及性选择》中写道："值得一提的是，在人类幼年时期，大脑深受外界影响，此时不断灌输进来的信仰，几乎就会变成人类的本能，而本能是不受理性影响的。"

正如我所表明的，那种几十万年来针对我们"不断灌输进来的信仰"，并不是经过特殊筛选的。它们是我们祖先面临的相当稳定的社会和生态环境的产物。正如达尔文所预测的那样，平等主义、合作和资源的公开共享都是非常有利的适应行为："社群内部有同理心的成员越多，社群就会发展得越好，养育出的后代数量也就越多。"狩猎采集者的生存环境，也就是我们所有觅食祖先的生存环境，要求他们在与他人相处时采取平等公正的做法。这些要求是我们祖先社会生态长期以来的重要组成部分，对我们这个物种的发展产生了重大而持久的影响，慢慢地被深深铭刻在我们的意识中——"就像本能"。

桑塔耶拿有句名言："忘记过去的人注定会重蹈覆辙。"而不了解我们遥远过去的人，注定会过着与人类的根本喜好、倾向相冲突的生活。现代世界是人类自己设计、建造、管理和居住的终极人类动物园。悲哀的是，我们为自己设计的动物园没有很好地反映我们这个物种进化的世界，因此，对于其中的许多人类动物来说，这个地方是极不健康、极不愉快的。人类能够在混乱、有限的空间中生存，但是，就像水一样，当我们停止流动时，就变成了一潭死水。

文明也许是有史以来最大的诱饵销售法。它说服我们销毁免费物品，如此一来，就能把定价高昂的二流仿制品卖给我们了。我们通过加速销毁免费品而获得的资金，通常就被用来制造这些仿制品。他们用工业废料、杀虫剂残留和水力压裂性化学物质污染小溪、河流、湖泊和含水层，然后把塑料瓶装的"纯净山泉水"（通常只是自来水）卖给我们，这些塑料瓶又会分解成微塑料，然后进入海洋、鲸鱼的胃和我们自己的血管。现在就努力工作，以后你就可以放松了。为了最终得到某个爱我们的人，我们忽略家人朋友，努力致富。文明之声让我们内心充满了机器制造的渴望，又向我们出售预先包装好的涓滴满足感，满足感稍纵即逝，在舌尖上蒸发。

有些人举起手，将其全部归咎于人性。但这是错误的，不是人性让我们盲目毁坏世界和自身的。数十万年来，人类在地球上繁衍生息，没有伤害环境分毫。不，这不是我们这个物种的本性，这是文明的本性。文明就是目前困住我们的一种新兴社会结构。若要了解为何我们看上去对杀菌剂情有独钟，就必须了解，不管是先天存在的还是后天养成的，动物的本性都只会在它与自然环境的关系中展现。

我偶然拜读了科学作家戴维·多布斯的文章《死亡、自私的基因、死亡》，这本书真是引人入胜，在此之前，我对蚱蜢和蝗虫间出人意料的关系一无所知。事实上，按照昆虫的标准，蚱蜢是"优雅、谦虚且文质彬彬的"，而蝗虫则是祸水。优雅的蚱蜢慢慢迈着长腿，过着安静的生活，大部分时间都是孤独的。蝗虫则"用短而弯的腿疾走，饥肠辘辘，成群结队，好像《圣经》中描述的，遮天蔽日，将农民的田地啃秃"。这两种生物可谓天差地远。但事实令人震惊：蚱蜢和蝗虫实际上是同一物种。它们不仅是同一物种，还可以互相演变。它们是同一种生物。明白了吗？相同的 DNA，不同的动物。并非任何种类的蚱蜢都可以变成蝗虫，但是所有的蝗虫都曾是蚱蜢。

在非洲、中东和亚洲，臭名昭著的沙漠蝗虫之所以会出现，是因为一系列为人熟知的连锁反应：过量的食物导致人口迅速增长，雨量稀少，粮食供应减少，仍然肥沃的地区变得更加人满为患，人口密度更高，引发表观遗传反应，曾经优雅、悠闲的蚱蜢变成了疯癫的蝗虫。翅膀和腿变小，颜色也产生了变化——这种变化不是隔代产生的，而是发生在个体上。再见，逍遥自在的蚱蜢！你好，铺天盖地的贪吃蝗虫！多布斯写道："相同的基因组，相同的个体，但是却成了完全不同的虫子。"[1]

也许你应该能预料到我想说什么。尽管前农业时代以来，人类的DNA几乎没变，我们也不能被真正归类到另一个物种中去，但是文明人的行为举止与狩猎采集者相比已经大相径庭了，就像蚱蜢和蝗虫一样。随着农业的出现，人口激增，我们被迫在人满为患的居住地挨挨挤挤，这对我们这个物种来说还是头一遭。几乎所有有关人类生活的事物都发生了剧烈而迅速的变化：权力动态、家庭结构、妇女和儿童的地位、食物的来源和质量、我们与其他动物的关系、疾病和死亡、扩张的人口中心之间的冲突（争夺土地和财产）、宗教信仰及与神的关系……我们在世界上处于一个什么样的位置，这个世界又是怎么样的。若在这个世界里行动得太慢，就会被后来者消灭。蝗虫群是蝗虫的乐园，对蚱蜢来说却不啻为世界末日。蚱蜢不是存心选择集体变成蝗虫的，就像我们的祖先不是有意选择采用农业，布赖恩·史蒂文森不是故意要在晨雾中升天一样。

1930年，当时欧洲卷入了另一场世界大战，一位名叫索利·朱克曼的科学家及其同事在伦敦动物园的猴子山集合了一群狒狒。不久之后，狒狒群内部大闹起来，140只狒狒死了94只，其中包括14只狒狒宝宝。利用灵长类动物探索人性基础的先驱朱克曼将这场屠杀归因于雄性竞争性资源引起的"社会不和谐"。他不认为存在人工环境引发混乱的可能。"它们在不同环境下的行为是相同的,"朱克曼写道,"人们普遍认为,(关它们的)新地方使它们的行为严重扭曲,这是没有事实依据的。在封闭环境中观察到的社会性别调整模式与在野生动物群中观察到的相同。"[2]

但是朱克曼错了。民族学家汉斯·库默尔随后进行的研究表明,被圈禁的狒狒实际上比其野生的同类更具攻击性。库默尔发现,如果被关在笼子里,雌狒狒的攻击性会增长 9 倍,而雄狒狒的攻击性会增长 17 倍。

若你在路上被开车时发短信的白痴堵在前面,或在人挤人的经济舱里被夹在一群臭气熏天、鼾声如雷的陌生人中间,这时偏偏还有个家伙用脚不断踢着你的椅背,你一定会暴跳如雷。你的暴怒展现的是人性吗?或许,将其理解为人被困在非正常环境中后,人性被放大了其中一面更加合适。

20 世纪七八十年代,到处都有报道称,实验室的老鼠一次次选择吃药物而不是食品,直到饿死为止。正如美国无毒品伙伴组织的广告所言:"只有一种药物成瘾率如此之高,9/10 的实验室老鼠会嗑它、嗑它、嗑它,至死方休。这种药物就是可卡因。一旦嗑上它,你也会重蹈老鼠的覆辙。"

加拿大心理学家布鲁斯·亚历山大决定将这些研究钻研得更深一些。亚历山大及其同事针对居住在两种不同环境中的相同性状的老鼠进行了一系列实验:一组生活在实验室的普通笼子里，另一组的生活环境则尽可能与正常老鼠的一样。所谓的老鼠公园比笼子大200倍，可容纳16~20只老鼠，雌雄都有，还有很多食物和玩具。亚历山大及其同事的发现让人们对笼中老鼠进行的每一项行为研究都产生了疑问：单独被困在笼子里的老鼠都尽可能嗑药嗑得醉生梦死，但是有着缤纷生活（社群、空间、玩具）的老鼠，在尝了一两次掺药的水后，就远离药品了。过着精彩生活的老鼠对能逃避现实的药物几乎没有兴趣。总体而言，它们喝的药水的总量只有独居老鼠的1/4，它们中没有一只老鼠沉迷嗑药或饿得实在受不了了才吃食物。这些研究强烈表明，成瘾可能与创伤经历和环境有关，而不是物质。

　　由于被关在笼子里的动物的行为与笼子内的环境及其内在倾向有关，所以我们应该仔细考虑一下自己居所的设计。我们建立的人类动物园要尽可能接近自然环境，像穿拖鞋那样舒适，而不是像穿高跟鞋那样磨人。当被问及猴子山的大屠杀有什么教训可吸取时，弗兰斯·德瓦尔说："如果要设计一个成功的人类社会，你需要知道我们是哪种动物。我们是社会动物还是自私动物？在哪种状态下，我们的行为会更积极有益，是独居还是群居？我们喜欢夜晚还是白天的生活？如果你参与设计人类社会，那么你应该尽可能多地了解人类物种。"[3]

　　尽管有人不断灌输现代的好处，但我们很多人骨子里都知道，这不是居家的感觉，我们就像蝗虫世界里的蚱蜢，或是在猴子山上打架的狒狒。虽然遍地繁华，但这里的生活常常让我们感到寒冷、空虚、孤独、无趣和野蛮。我们的现实与广告文案相去越来越远。我们有多少次听说下一个奇迹"就在眼前"？1970年以来，美国政府在"抗癌战争"上的支出超过1亿美元，但是根据美国国家卫生统计中心的数据，1950—2005年，美国癌症死亡率仅下降了5%，投资公司的分析师也早就注意到治愈疾病相比治理疾病，利润要低得多。[4] 1970年，从纽约飞往伦敦需要8个小时，现在仍然一样，但是座位变小了。在非洲、欧洲、亚洲和美洲，困惑和愤怒的年轻人群起声讨这张现代化的空头支票。即使诸如太空探测器、智能手机、数码摄影这些新奇玩意儿，在正常生活中也随处可见，于是就失去了魔力，只有当出现故障时，其重要性才又一次展露。

智人看起来很像一个迷失的物种。通往我们当下的道路，似乎只是一条存在于往事之中的道路。回顾过去，很明显，我们一直像无头苍蝇一样钻来钻去，不知道自己在做什么，也不知道前路通向何方。虽然我们现在已经有了清晰的认知和巨大的潜力，但我们仍然迷失了方向，无法确定前进的方向。如果性格决定命运，那么或许只有更好地了解我们的性格，才能够更好地了解自身的命运。

第5章

自然主义谬误之谬误

一代又一代践踏、践踏、践踏；
交易生麻木，苦劳生污秽；
沾上了人的污浊，染上了人的气息：今日大地如此贫瘠，受着鞋的束缚，人类的脚底感受不到这自然变化的气息。

——杰拉尔德·曼利·霍普金斯，《上帝的伟大》

"是"并不意味着"应该"，"应该"也不意味着"是"。自然界存在某一事物，并不意味着这个事物一定是健全的或美好的。自然世界充满了致命的毒蛇、有毒的浆果和致病的细菌。大自然绝不是无忧无虑者、天真烂漫者永生的伊甸园。然而，自然主义的谬误，即相信自然的东西总是更好，也是一个谬误。虽然自然界中存在的事物不一定有益健康，但与那些并非源自自然之物相比，自然界的事物更符合生物学事实。否认自然事物有先天和谐的可能性，就是陷入了自然主义谬误之谬误。

想想鞋子的设计。我们可以选择跳过（人脚的形状和功能）"是怎样的"，而直接得出精巧的鞋子设计"应该是怎样的"。只要穿着高跟鞋或尖头商务鞋走上几个小时，所有人都会认为设计师就是用这种思路设计鞋子的。鞋子的成品可能看起来很吸引人，但是长时间穿着它步行甚至站立，简直就是一种时尚的折磨。

在 2009 年的畅销书《天生就会跑》中，克里斯托弗·麦克杜格尔解释了耐克如何说服了几代慢跑者无视进化的人体生物力学，购买其昂贵却完全不必要的产品，用不自然、伤害身体的方式跑步。耐克真有底线！这样背离人类生物力学，造成了成千上万次运动损伤，给人类健康带来了无法估量的损失。麦克杜格尔引用了一位金融专栏作家的话，该作家认为耐克的计划"十分高明"。"（他们）先为产品创建了一个市场，然后才生产产品。这是个天才的想法，是他们在商学院学习的那些东西。"你可能会认为只盯着耐克是不公平的，但是麦克杜格尔不认同。他写道："将普遍的跑步损伤怪罪到叫作'耐克'的邪恶巨兽头上，似乎太草率了，但没关系，因为在很大程度上这确实是它的错。"

麦克杜格尔写道，耐克的"妙手"在于倡导一种新的跑步方式，只有穿着它生产的新型运动鞋才能用这种方式跑步。穿了这款鞋，跑步就可以用脚后跟着地了，而在此之前，这样跑步是很危险的。耐克拒绝承认（人类的脚、膝盖和脊柱的进化设计)"是"怎样的,而提出人类跑步的新方式"应该是"怎样的,其对自然主义谬论的扩展利润丰厚。除了鞋子制造商,这个结果对所有人都是有百害而无一利的。丹尼尔·利伯曼解释说:"目前困扰我们的很多双脚和膝盖损伤问题实际上都是人们穿的跑鞋导致的,这种鞋会让我们的双脚虚弱,过分屈膝,造成膝盖问题。"利伯曼注意到,1972年,这些鞋还没有问世,当时人们跑步时穿的鞋的底子非常薄,脚很强健,膝盖受损的概率低得多。

1972年之前,人类已经有很长时间的跑步史了。我们这个物种进化出的许多特征都表明,我们远古的祖先是长跑高手。我们无视继承的身体设计,自尝苦果。正如利伯曼所说:"实际上,为了保持健康,人类是被强制要求做有氧运动的,我认为这与我们的进化史有着深厚的渊源。如果有任何能使人类健康的灵丹妙药,那就是跑步。"但不是他们在商学院教授的跑步方式。

麦克杜格尔称其为"耐克效应",但利用这些步骤获得商业成功的,绝不只有耐克。它只是顺着这个流程获取了惊人的财富。用差得多的东西取代自然、廉价的物品,这种流程在"消灭后院养鸡,工业化养殖""周五就要剖宫产,以便医生周六打高尔夫球""种植大麻非法,应服用此类有毒、上瘾、昂贵的药片""母乳喂养不清洁,使用配方奶粉"等效应中都体现得淋漓尽致。

把自然又免费的东西换成看似好处多多,其实却带来许多麻烦的东西,这种做法实际上和农业、文明本身一样历史悠久,是驱动商业运转的马达。早在1930年,美国商业顾问就兴奋地公开宣称:"广告会助长大众对自身生活方式及对周围丑陋事物的不满。比起满足的客户,商户在不满足的客户身上赚得多得多。"[1]

正如在设计一双像样的鞋子时,应该重点考虑人脚的形状和功能一样,如今想要过上令人满意的健康生活,也应该对狩猎采集者的经历有准确的了解。数十万年来觅食生活的稳定性和连续性既是其实用性的证明,也是人类最初的根源。正如纳西姆·尼古拉斯·塔勒布在《反脆弱》中指出的那样,时间是对脆弱最好的考验,时间长河中有许多的混乱,自然是经过时间检验的唯一牢固系统。

我们当然有能力无视进化而来、经过时间检验的微妙原则,但这么做势必要付出高昂的代价。我可以无视自己身体运动的需要,坐在这里写这本书,但是我患心脏病、肥胖症、糖尿病、与压力相关的精神病和其他疾病的风险会增加。我们可以压抑天生的性欲,但是那些扭曲的能量会通过沮丧、怨恨和各类心理疾病发泄出来。我们可以一天只睡5~6个小时,但是认知功能会减退,免疫反应会降低,还会引发许多其他心理及生理问题。因此,对于那些宣称我们有能力超越进化本性的人,我会说:"嗯,仅在一定程度上。"

第 6 章

生而狂野

> 孩子最大的恐惧是没人爱他,若被冷落,如堕地狱。我认为世界上每个人或多或少都体验过被冷落的感受。一旦被冷落,我们就会感到愤怒,愤怒之后会犯罪报复,报复之后又感到愧疚,这就是人类的故事。
>
> ——约翰·斯坦贝克,《伊甸之东》

清洁的重要性仅次于虔诚,但是生孩子的时候,可能不那么"清洁"更好。研究者对比了巴西同一家医院前后几天出生的婴儿,发现剖宫产的孩子比起自然分娩的孩子缺少了来自母亲的"起始生物群落"。这些出生时太过干净的婴儿后来身上也会有细菌,其来源远没有那么有益,它们来自医生、护士甚至灯罩、床单。"剖宫产出生的婴儿身上的微生物群落,不是几十万年来人类进化选择的那些。"马丁·布莱泽博士解释说,其妻子和同事玛丽亚·格洛丽娅·多明格斯 – 贝洛首次进行了这项研究。最早在婴儿的皮肤、眼睛和消化系统安家的微生物可能会影响孩子一生的健康。多明格斯－贝洛认为，这些早期的微生物相互作用，对免疫系统至关重要，关系到它能否正确区分敌我。

多明格斯－贝洛博士将其见解应用在了波多黎各和纽约大学的后续研究中，研究人员会将母亲的阴道分泌物涂在剖宫产婴儿的嘴唇、面部、胸部、手臂、腿、背部、生殖器和肛门区域。尽管这些婴儿身上的细菌菌落仍不如顺产的婴儿丰富，但与身上没有涂阴道分泌物的剖宫产婴儿相比，这些婴儿身上的菌落与母亲身上的要相似得多。诸如此类的研究仍处于早期阶段，但是其重要性怎么夸大都不为过。剖宫产出生的婴儿患上各种免疫和代谢疾病的风险更高，如 1 型糖尿病、过敏、哮喘和肥胖症。

父亲的身份也可能很混乱。觅食者的孩子通常有好几个父亲，这一事实对于新霍布斯主义者口中关于普遍个人主义、男性对女性的统治、儿童"所有权"等的假设，都是当头一棒。人类学家所谓的"可分父权"在南美洲不同群体中都有文献记载，包括巴拉圭的阿谢人，巴西的缅纳库人、凯因甘人、雅韦提人、卡内拉人和库里帕科人，秘鲁的马蒂斯人，委内瑞拉的亚诺玛米人和巴里人。胎儿出生往前推约 10 个月，与其母亲交合的各个男人的精子共同构成了这个胎儿，至少有 6 个不同的语言群体都持这种想法。如果一个女人希望自己生出一个强壮、聪明、有趣且善于狩猎的孩子，她就会与尽量多的强壮、聪明、有趣且善于狩猎的男人做爱。孩子出生后，曾经做过"贡献"的男人都会认为自己是孩子"父之队"的一员。有人可能会认为，父亲身份混乱的婴儿被遗弃和早逝的风险更高，但事实恰恰相反。史蒂文·贝克尔曼对巴里儿童的研究表明，只有一个父亲的孩子活到15岁的概率为64%，若孩子还有另一个父亲，那么他能活到15岁的概率增加到80%。在认可"可分父权"的其他社会，也观察到了类似的好处。

平等主义社会的中心组织原则就是共享，不存在私有财产，没有必要担心父权问题。理想的核心家庭是文明的产物，数百年来，未婚母亲轻则被抛弃、羞辱，重则遭到谋杀。在新出现的农业社会中，男女关系被重新构架，觅食者的相互尊重和个人自主被近似主仆的关系所取代。这种对人类尊严悲惨而持久的破坏，在很大程度上是为了确定父权，一般都是新兴的权贵男性提出的，他们想知道将来由谁继承自己积累的财富。

新霍布斯主义者对育儿的叙事值得怀疑，另一个原因就是，在狩猎采集社会中，许多男人认为，恰恰在女性最需要被供养的时候（怀孕末期或刚分娩后），其吸引力最低。正如萨拉·赫尔迪解释的那样："这说明，就像阿谢人那样，猎人在妻子刚分娩后对她失去了兴趣，而这时候正是妇女最需要被供养的时候。这个模式完全不符合新霍布斯主义者的典型观点，女性的性欲（愿意进行性行为）或其性吸引力都逐渐升高了，可以确保在分娩后得到男性的供养。"

赫尔迪的观点并不是说男人都变得不可靠了，至少这不是她唯一想要表达的。是的,一个丈夫供养自己的伴侣和孩子,这种标准、美满的核心家庭故事与大多数人类学家所观察到的相去甚远。是的,孕妇和新手妈妈非常脆弱,几乎处处都需要人来帮助。那么谁来帮忙呢?如前所述,在某些文化中,妇女可以选择招募几位男性来让自己怀孕,但在整个觅食社会,妇女几乎可以得到所有人的帮助。"一个更新世的母亲……身处一个支持型的社会关系网络中,"赫尔迪写道,"没有这种支持的话,几乎很少有新手妈妈能幸存下来,更别说婴儿了。"

人类两性进化的主流观点认为,供养者的角色被"私有化"为一个男人,就像20世纪50年代的郊区住宅开发,但实际上,这个供养者角色是由整个群体一起担任的。此外,如果发生了某些不幸的事,群体无法供养母亲和婴儿了,那么他们几乎很快就会一命呜呼。虽然这种境况很悲惨,但在另一个层面上,这意味着只有快乐的、被爱的、被需要的孩子才会长大成人,继续发扬社会守望相助的价值观。

在平等主义社会,孩子能得到成人的共同支持和爱护。在这样的群体中,看见孩子的成人或少年都会习惯性地抱抱哭闹的孩子。以刚果的埃菲人为例(埃菲人在这一点上极具代表性),人类学家梅尔文·康纳指出,一个3周大的婴儿,除了母亲外,其他人与其身体接触的时间占40%,而等他18周大的时候,这一比例上升到了60%。[1] 康纳发现,在婴儿3周、7周、18周大的时候,分别平均每小时会被转手3.7次、5.6次、8.3次。每个婴儿都一定会被5~24个不同的人照顾(平均

14.2 人）。在婴儿出生最初的 7 周的 85% 的时间里，人们都会在婴儿哭闹的 10 秒钟之内哄他，而在婴儿 18 周大的时候，则是 75% 的时间。

中非刚果地区的狩猎采集者阿卡人也是如此。人类学家报告说："人们几乎一整天都抱着孩子，他们一天的大部分时间都有皮肤接触……孩子要吃，就会有人喂奶，孩子哭闹，就会有人立即去哄。"人类的小孩就该这样养。琼·利德洛夫在《连续体概念》中解释说，这种懵懂的被欢迎和爱护的感觉，对我们这个物种的成长极其重要：

> 对于一个大人怀抱中的婴儿，恰当的感觉就应该是正当和善良。作为一个人，他只能感知到积极的个体意识，这种意识基于他是一个正当、善良和受欢迎的人。这是让一个人感知自我唯一可行的方法，别的情感都不足以作为个体幸福的基础。**正当性这种基本的自我感觉，对于我们这个物种的个体来说是很恰当的**……一个人如果没有这种感觉，他就常常会感到有一片空白地带，觉得自己本应该待在那里。（强调为被引用的原文所有。）

那是我们的来处，而当下已经面目全非了。在我们这个时代，没人爱、被抛弃的孩子都可以活下来了，这似乎是一件好事。但是赫尔迪认为，技术的进步"在某种程度上使（婴儿存活）与其母亲和其他护理人员的持续接触脱节了"，这种脱节使成千上万的男女在后农业社会中长大成人，若在我们祖先身处的时代，这些人不可能活下来。他们的存活使这个世界变成了一个充满"衣衫褴褛的街头小顽童团伙"和"难民营孤儿"的地方，他们在"各种各样的疏忽"下长大。即便那些幸运儿，实际上可能也没那么幸运，就算是在富裕的郊区生活的孩子，其父母的养育方式对于埃菲族或昆申族的母亲来说，也是疏忽大意的。赫尔迪指出："人类历史上从未有过如此之多的婴儿在被剥夺了社会联系和与监护人的持续接触之后，还能生存、成长得这么好的。"花点时间想想这些孩子是带着怎样的野心和欲望成年的，他们在政治、商业领域以及犯罪活动中又有怎样的表现。这是"进步"吗？还是别的？

婴儿的思维是由这些早期互动决定的，这些孩子今后的为人处世会受到很大影响。这在进化上讲得通，因为任何生物的首要任务都是去了解今后将面对的环境。对于像智人这样的社交哺乳动物来说，这意味着要了解周围人的企图。他们善良、有爱心吗？可以相信这些人吗？一个想吃多长时间的奶都可以（觅食社会的婴儿通常吃4~5年奶），总能够与人亲热、能感受到许多大人对他满怀热烈爱意的孩子，对这些问题的回答很可能是"是"。一个感到孤独和被遗弃、每晚在黑暗可怕的房间里哭着睡去、只和一两个成年人有零星身体接触的孩子则很可能会认为，他不能真的相信身边的大人们。这些答案将影响孩子的一生。利德洛夫解释说："当他后来的生活和塑造他的环境特征不匹配的时候，无论好坏，他都会把生活改造成具有那个环境特征的样子。如果他习惯了孤独，他会下意识地安排自己的事务，确保自己感受到同等的孤独。若要他变得不那么孤独或更孤独一点，不管是出于个人的努力还是环境的推动，都会遭到其稳定倾向的抵制。"

我们可以说婴儿最初的经历构成了他自己的起源故事。与所有起源故事一样，这个故事最终创造了一个相似的世界。通过这些育儿实践，很容易就能看出为什么典型觅食者的个人起源故事会是这样的："在这些人中，我是被爱、被欢迎、被尊重的，我能够信任他们，我生活的这个世界虽然危险，但平常都是慷慨且美好的。"可悲的是，我们也能很容易地看出为什么在农业革命后，我们许多人的个人起源故事会呈现明显的霍布斯语调："我感到困惑和孤独。我被抛弃在无尽的黑暗中，害怕得大哭也无人回应。我一定有什么问题。他们不要我。我很无助，很孤独。我不知道我可以信任谁。我被诅咒了。这一生都是挣扎着求生。"托马斯·霍布斯写到"我的母亲生了一对双胞胎：我和恐惧"，或许也意指文明社会的许多母亲。

研究儿童道德发展的心理学家达尔奇亚·纳瓦埃斯确立了6个养育孩子的特征，她认为这6个特征是真正充满人性的：

- 背、搂、抱等大量积极接触，绝不打孩子；
- 婴儿哭了就赶紧哄，"迅速给予婴儿温暖的照料，使婴儿的大脑在形成个性和对世界的反应时期保持平静"；
- 母乳喂养2~5年时间；

- 有好几个爱护孩子的成年看护者；
- 让孩子和不同年龄段的玩伴自由玩耍；
- 还有自然分娩，母亲的激素会突然上升，有助于防止产后抑郁，同时如前所述，为孩子提供即时、长效的免疫。

纳瓦埃斯认为，与 30 年前相比，如今的大学生同理心要少 40%，这可能是由于父母的养育方式越来越不当。近期 ADHD（注意缺陷多动症）、攻击性行为、焦虑症和儿童抑郁症的增加都在表明，某个地方出问题了，而且情况变得越来越糟糕。她警告说："如今美国人抚养孩子的方式走入了歧途，让他们离幸福和道德越来越远。"

这种文化上认可的情感虐待对儿童造成的损害很难治愈。就像在冰冷的水中出生的鱼，会把这种冰冷的温度作为基准温度一样，如果出生在冷冰冰的或温馨而充满感情的地方，孩子就会觉得那是正常的环境，并以此为基准推断其他的事。赫尔迪看到同样的过程在物种层面上演，令人不寒而栗："如果人类的同情心只在某些情况下才能培养出来，如果越来越多的物种存活到了繁殖年龄，却没有发展出同情心，那么不管我们祖先的同情心如何有益，都没有用。无论高度的人际合作能带来多少益处，自然选择都不会继续保留不显化的潜在基因。"总的来说，父母会尽力按照专家的建议去做，很少有人敢质疑占统治地位的医学指导到底如何。20 世纪初，医生向母亲保证，将婴儿放在无菌隔离室中很有好处，然而，成千上万的婴儿由于缺乏与活人的身体接触而死亡。这绝不能怪到走投无路、心怀好意的母亲头上，她们束手无策，只能眼睁睁地看着孩子离去。甚至有人可能会争辩称，医生也没有错，毕竟他们只是按照自己心目中对孩子最好的方式在做。还有其他大同小异的建议：配方奶粉比母乳好，剖宫产比阴道分娩好，让孩子独自睡比与父母一起睡好。人们质疑几千代以来不断完善的自然过程时，很容易出错。

这些画面我们都见过，甚至可能亲身经历过：压力重重、挣扎求生的父母把最后一毛钱都给了忘恩负义的混账孩子，而孩子却带着恶意，大声叫喊，希望自己从来没有出生过。悲惨的父母，悲惨的孩子！地球上"最成功的"物种养育孩子的方式多奇怪啊。而且似乎这种可悲的景象并不只是偶然，至少在美国是这样的。研究人员发现，美国父母支付的所谓幸福税是发达国家中最高的。没有孩子的美国人比有孩子的美国人幸福得多，这两种人之间的差距与英国、澳大利亚和其他22种文化背景下的人相比要大得多。显然，美国父母很悲惨，因为他们发现自己在自负的个人主义方面站错了边，而个人主义是其国家形象至关重要的一面。研究人员得出结论，"为人父母对幸福带来的消极影响完全可以用有没有（支持父母的）社会政策来解释。在丹麦、瑞典和其他一些国家，帮助父母的社会政策将育儿与工作职责结合在一起，人们在做父母前后完全没有幸福感上的差别。这是'我的'孩子。这是'我的'家庭。这是'我的'问题"。

孩子们面对的问题也一样糟糕。杜克儿童与青少年幸福指数的作者报告说，儿童健康已降至该指数 30 年历史上的最低点。近 800 万美国儿童患有精神疾病，仅在 2000—2003 年，为儿童开具的精神药物处方就增加了 49%。有个发现或许与此不无关系。马里兰州人口研究中心的专家桑德拉·霍弗斯教授研究儿童如何消磨时间，她报告说，1997—2003 年，9~12 岁儿童远足、散步、进行园艺活动等的比例下降了 50%。在类似的研究中，苏格兰的研究人员将小型设备固定在 78 个 3 岁孩子的腰上，让他们戴上一周。结论是，蹒跚学步的孩子，每天肢体活动的时间仅为 20 分钟。

与其他发达国家的儿童相比，美国儿童遭受身体虐待的可能性要大得多。1994—2004 年，大约有 2 万名美国儿童被家庭成员在自己家中杀害。根据"每个孩子都重要"计划的主席迈克尔·珀蒂收集的数据，死亡孩子的数量是同期在伊拉克和阿富汗战死的美军的 4 倍。美国儿童的虐死率是加拿大的 3 倍，是意大利的 11 倍。

但是珀蒂并没有责怪父母，毕竟他们在一个有缺陷的、烂透了的社会系统里拼命努力。当你没有得到社会的大力支持，而不得不打两份工来支付孩子的日托费用时，没人能责怪你将孩子放在电视前，喂他们吃你买得起的随便什么东西，以及在他们哭闹不停时不想整夜安慰他们。欧洲许多进步社会都制定了政策，模仿狩猎采集者的育儿价值观，确保社区对父母的支持，给他们放充足的产假和陪产假，提供医疗补贴和儿童保育以及免费教育。

在与这种符合人类本性的集体价值观不相适应的美国和其他社会，父母在艰难挣扎，不是因为他们作为父母不够好，而是因为文化对他们提出了不切实际的要求和期望，在他们最需要帮助的时候抛弃了他们。根据联合国儿童基金会的资料，美国是发达国家中儿童相对贫困率最高的国家之一，荷兰和北欧四国的儿童的物质丰富程度最高，拉脱维亚、立陶宛、罗马尼亚还有美国的儿童则最低。

人类学家一致认为，"狩猎采集者群体很突出的特点是：母婴之间密切接触，婴儿断奶较晚，以及婴儿只要一哭就能得到回应"。可悲的是，同样的研究表明，无论是用身体接触、睡眠距离、对哭泣的反应还是断奶的年龄来衡量，在母婴接触和母亲对婴儿的关注度方面，美国人的表现均低于研究中的其他176种较不先进的文化。但我要再次强调，这不是养育方式的失败，而是文明的失败。如果可能，很少有母亲会不愿意和孩子一起度过美好时光，但如果是单独一个人，如果是在工作了一整天之后，情况就不同了。用赫尔迪的术语来说，人类是"合作育种者"。共同抚养子女是我们的本性，但现代世界常常阻碍这种选择，使他们及父母难以用人类进化所选择的那种方式来抚养子女。

暴力、好斗的社会有一种自我复制的自然倾向。发育神经心理学家詹姆斯·普雷斯科特对部落文化进行荟萃分析时发现,单凭母婴联系就能预测49个部落文化是和平的还是暴力的,准确度达80%。研究中其他10种文化的性质是否和平或暴力,也可以通过看该文化是支持还是惩戒青少年的性表达来预测。"简而言之,"普雷斯科特写道,"这两种情感联系的标准……可以100%精准预测全球各地的这49个部落文化的性质是和平的还是暴力的。"其他研究人员发现,母婴接触不足与孩子未来生活中的更高醉酒率、自杀率、抑郁率,以及更多暴力行为、行为问题之间具有统计学上的相关性。

理查德·洛夫著有《林间最后的小孩——拯救自然缺失症儿童》,他认为这种乱象主要是因为过去一个世纪中美国人对自然的文化转变,"从直接利用到浪漫依恋,再到用电器与其隔绝"。洛夫称:"学龄前儿童每天看几个小时的电视,他们7岁时出现注意力集中问题和其他注意缺陷障碍症状的可能性就增加百分之几十。"人类的动物性与社会需求的不匹配是深刻而悲哀的。洛夫写道:"真正的疾病不是出在孩子身上,而是出在这个强加的人造环境上。让孩子远离自然和自由嬉戏,或许等于不让孩子自由呼吸。"

第 7 章

抚育之苦

当然，所有孩子的内心都有……由于天生的骄傲而产生的固执和坚强心态，首先必须打破和贬低他们的这种固执，从而为其教育奠定谦卑和温顺的基础，并在此之上建立其他美德。

——约翰·鲁滨逊（清教徒移民牧师）

如果现代孩子被剥夺了体验的机会，那可能是因为好心的父母受到引导，认为不受监管地探索外面的世界过于危险。我们用抗菌液擦拭我们的小宝贝，保护性地约束其探索世界，用头盔罩住其头部，并阻止其接触陌生人。但通常情况下，在我们忙于防御很多想象中的危险时，我们也在制造真正的问题。尽管无辜的儿童被绑架、被谋杀等案例屡见不鲜，但当今的孩子们面临的危险要比你我曾经在树林里捉青蛙或在路灯下玩耍时更少。[1] 美国的儿童总体死亡率从未低于现在。1935 年，每 10 万名 1~4 岁的美国儿童中，就有大约 450 人死亡。今天，这一数字很少达到30。根据克里斯托弗·英格拉哈姆在《华盛顿邮报》上发表的报告，1990年以来，儿童死亡率下降了将近一半，对于5~14岁的孩子来说，过早死亡的概率约为万分之一，即0.01%。他总结道："儿童的死亡率越来越低。被杀害的儿童数目更少了，受到车辆撞击的儿童数目更少了，儿童失踪的频率也在下降。这些意外的可能性都达到了历史新低，并且趋于无穷小。记住一条底线：如果你小时候不受监管的户外玩耍安全，那么今天你的孩子这般玩耍则更加安全。"

尽管儿童风险降低的某些原因可能是父母提高了警惕，但毫无疑问，在父母执着于保护自己的孩子时，他们可能会忽视更严重的威胁，如缺乏运动、饮食不健康、长期承受压力、与朋友的面对面互动过少、缺乏自由时间、与大自然的接触减少——这些威胁正在给儿童造成巨大的伤害。

我们之所以将孩子"囚于"室内，是因为我们认为这样更安全，但危险却恰恰潜伏在室内。缺乏运动会导致容易患有肥胖症和糖尿病，其他不那么明显的疾病也可以追溯至被过度庇护的儿童时期。例如，在过去50年间，美国和欧洲近视的年轻人数量增加了一倍，比例从大约1/4增长到将近一半。一些研究人员曾预测，到2020年，全世界1/3的人口将被诊断为近视患者。原因究竟是什么？部分原因是孩子的视网膜没有得到充足的阳光，几乎全然专注于附近的事物上，他们在室内待的时间太长了。

我们过于保护孩子免受想象出来的危险，或许可以归因于这样的观念，即儿童的幸福完全是父母的责任，而非社区、大家庭或孩子本人的责任。利德洛夫对委内瑞拉亚马孙地区奥里诺科河附近的耶夸纳部落育儿方式的描述与大多数曾和觅食者打过交道的人类学家相一致："耶夸纳部落没有对另一个人的所有权概念。'我的孩子'或'你的孩子'这种想法根本不存在。决定另一个人应该做什么，无论其年龄大小，超出了耶夸纳部落的行为认知。"

在美国，与日俱增的抚养焦虑或许也与经济不平等有关。经济学家法布里奇奥·齐利博蒂和马赛厄斯·德普克关于养育子女的研究在其著作《爱、金钱和孩子：育儿经济学》中有详细介绍。他们发现，与前一两代人相比，如今的父母监督孩子的时间大大增加，尤其是在经济不平等现象加剧的国家。正如齐利博蒂所说："在一个极为不平等的社会中——如果一个人做得好，将有很多机会，而如果一个人做得不好，则有非常负面的结果——父母会更加担心自己的孩子不能在学校取得好成绩。而在贫富差距较小的国家，父母对此可能没那么忧虑，这并非因为他们不太关心孩子，而是因为负面结果并不那么糟糕。"其他考虑因素，如孩子的幸福和个性，可能会在对成功的疯狂追求中牺牲掉。

考虑到父母和孩子抱有的不切实际的期望，以及美国人认为进化的天性与当前社会之间的错位可以用药物解决的倾向，通过药物让孩子们昏昏欲睡、茫然服从就不足为奇了。美国有近 1/5 的高中男孩被诊断为患有 ADHD，这种"疾病"与未成年灵长类动物的正常行为非常相似：需要大量的体育锻炼、对权威人物的怀疑和对玩耍的无限渴望。1997 年，美国疾病控制与预防中心估计，约有 3% 的美国学龄儿童被诊断为患有 ADHD。2013 年，这一比例猛增至 11%，其中男孩患有 ADHD 的比例达到了惊人的 15.1%。在这些患有 ADHD 的儿童中，有 2/3 正在接受处方药治疗。药物制造商早已警告，其副作用可能包括出现心脏问题引发的猝死、躁郁症、攻击性行为或敌意、精神病症状（如幻听和相信不真实的事物）、躁狂症、面部抽动、睡眠障碍、妄想症和企图自杀等。尽管如此，2008—2016 年，ADHD 药物的销售额仍然增长了 89%，从 55 亿美元增长至 120 亿美元，后又增长至 140 亿美元。[2] 我们似乎已经认定，改变孩子学习的环境过于昂贵或不便，因此我们改变的是他们大脑的化学物质。

《加拿大医学协会期刊》发表的一项研究表明，12 月出生的男孩（通常是班上年龄最小的男孩）患上 ADHD 的可能性比 1 月出生的男孩高 30%，这些男孩接受药物治疗的可能性也要高 40%。他们的"病症"似乎可以归结为在 12 月而非 1 月出生。

发展心理学家彼得·格雷撰写了大量关于觅食者如何看待孩子值得尊重的文章："狩猎采集者对待儿童的方式与他们对待成年人的方式一致。他们不会用权力擅断型方法来控制行为。他们认为每个人的需求同等重要，无论年龄大小，自己最了解自己的需求。"随后，格雷将这种个人自主与狩猎采集者的生态和经济环境联系起来，并指出"孩子并不依赖于任何其他特定个体，而是依赖于整体部落，这大大降低了任何特定个体（包括其父母）主导他们的可能……如果感觉受到父母的虐待，孩子们可以自由搬入其他小屋，最常见的是搬入祖父母或叔叔阿姨的小屋"。

训练孩子放弃外出玩耍的欲望有点像教小鸟别唱歌。也许可以做到，但为什么要这么做呢？孩子们玩耍是因为这可以教会他们如何一起生活。格雷得出的结论是，玩耍不仅是儿童认知和身体发育的基础，而且是"狩猎采集社会生活的基础"。格雷认为"玩耍和幽默……是狩猎采集社会结构和风俗习惯的核心"，其作用是促进"狩猎采集者广为人知且赖以生存的平等态度、广泛分享和相对平和"。格雷认为，玩耍对原始部落意义重大，因为它"为治理模式、宗教信仰和习俗、生产性工作方式以及教育手段……奠定了基础"。

但现在即便是最年幼的孩子，其生活也越来越多地从玩耍转向工作。专门研究教育政策的研究者达夫娜·巴索克发现，1998 年，30% 的美国教师认为孩子应该在幼儿园学会阅读。到 2010 年，这一比例增长了将近两倍，高达 80%。缺乏闲逛和一起玩耍的时间正在对孩子的成长造成严重的影响。"他们可以在一年级进行数学运算，但对细微的社交暗示却不敏感。"临床心理学家及《了解 ADHD 女孩》的合著者埃伦·利特曼博士说道："他们没有发展来自互动玩耍的正常技能，包括如何控制自己的情绪。"彼得·格雷对此表示认同，他指出："孩子们如何学习控制自己的生活？正是在周围没有成年人为你解决麻烦的时候。如果你没有机会独自体验生活、应对生活压力、在可以不惧失败且可以随心所欲玩耍的环境中学习，那么世界就是一个可怕的地方。"

第 8 章

躁动的青春期

如果你不受欢迎,所有女人看起来都让人讨厌……

——大门乐队,《奇怪的人类》

我曾经是一个愤怒的青少年。同文明世界中的许多人一样,我感到有什么东西牵引着我走向漫长的征途、无意义的工作以及与日俱增的孤立感。我怀疑许多青少年因为对成年后现实的不满而越发愤怒。

老实说,我愤怒的另一个原因是萌发的性意识成为失望、羞耻和困惑的根源。伴随荷尔蒙的涌动,与一个女孩或一个女人一起探索崭新的世界变得日益紧迫,并且可能性越来越小。迫切需要某种东西(性爱或亲密接触),而实际得到的可能性几乎为零,这是非常不公正的事情。我们嘲笑电影中睾酮上脑、满脸痘痘、戴着牙套的极客遭到女生的拒绝——因为他们处于可笑的境地。但他们的痛苦是真切的,年轻人因被剥夺了自身存在所需的重要事物而遭受的强烈挫败感和屈辱，会造成危险的压力。在年轻男性中，这种压力通常以厌女症、愤怒和暴力的形式爆发出来，而在年轻女性中，这种压力倾向于在内心积压，表现为沮丧、自我伤害和饮食失调。

格里芬·汉斯伯里是一位由女性变为男性的变性人，他在电台节目《美国生活》中与亚历克斯·布隆伯格进行对谈时，对这些挫败感提供了一些难得的见解。汉斯伯里解释了突然被升高的睾酮席卷的感觉：

最明显的感觉是性冲动惊人地增加，以及对女性和性爱的看法改变了。未受睾酮显著影响之前……在地铁上看到一个女人，我会认为她很吸引人，想要和她约会，想知道她在看哪本书。我可以向她搭讪，会谈论这些内容，会有一些铺垫，有一连串的语言交流。更多是付诸言语。（但）在受到睾酮影响之后，不会有任何铺垫，没有任何语言，只是……一个又一个侵略性的色情画面，就像在脑海中有一个色情电影院。而且我无法阻止。我无法阻止。

汉斯伯里表示，他"很多时候都觉得自己像怪物一样"，他对男人和男孩抱有很多同情。"这使我对青春期男孩有了很多了解。"他在讲述自己的经历前说道。我认为他的经历能引起每个直男的共鸣：

我记得沿着第五大道步行，有一个女人走在我前面。她穿着一条迷你裙，上衣较为轻薄。我忍不住看向她的屁股。我一直对自己说"不要看，不要看"，但还是忍不住一直盯着看。经过她时，我脑海中的声音不停呼唤着："转过身去看她的胸。转身，转身，转身！"曾经身为女性的经历和平权思想一直在说："你敢？你这头猪！不要转身！"我内心一直在自我挣扎，走了整整一个街区，最后我还是忍不住转身看她。

关于社会如何管控这些性冲动，尽管有许多正当合理的观点，但很少有什么比性压抑更能激发男性杀人的冲动。性的自由表达受到阻碍，人的心理就会扭曲，成为怪异、愤怒的性变态。回顾先前提到的詹姆斯·普雷斯科特的研究，其中两项情感纽带测量指标（母婴接触以及青少年性表达的自由），在预测49个部落文化是否为暴力时的准确度高达100%。不幸的是，压抑青少年性探索而导致的扭曲的愤怒很少以反抗导致压抑背后的人和机构的形式出现。（如果有类似的反抗，我们大概会读到受虐待的牧师的故事，而非牧师虐待他人。）相反，这种愤怒通常针对自我（觉得羞耻），或针对那些被误认为挫败根源的女性。不管人性发生了什么，整个文化似乎都决心让女性成为罪魁祸首。2010年，英国广播公司引述伊朗高级神职人员卡齐姆·塞迪吉的话，认为许多衣着张扬的女性诱使年轻人误入歧途，在社会上传播通奸，这些罪行导致地震频发。伊朗神职人员并不具备开玩笑的幽默感，我们完全可以想象其一本正经地发表言论的模样。基督教这一宗教是以处女无性怀孕所生的人物为中心的。有人有性困扰吗？马克·吐温注意到基督教在奇异的无性天堂中表现出惊人的反情欲："（人类）设想出了一个天堂，却完全遗漏了所有快乐中最大的快乐，这种快乐在每个人的心中位居首位……情欲！这就如同一个人迷失在炙热沙漠中，濒临死亡，救援人员告诉他，他可以拥有一切渴望的东西，但不能选择水！"

毫无疑问，教会不人道地否认情欲，直接导致绵延数个世纪的"强奸儿童运动"，而教会千方百计地掩盖真相使其愈演愈烈。身为同性恋的保守派天主教作家安德鲁·沙利文对否认人类最深层性欲所需的精神腐蚀有过动人的描绘：

> 接受上帝对我无条件的爱是坚守基督教信仰最困难的部分。我的童年和青春期艰难至极、痛苦万分，而我的宗教告诉我这种痛苦是我罪有应得。但是我在自己的生活以及其他无数人的生活中看到，压抑这些核心情感和对坚贞爱情的剥夺，往往总是导致个性扭曲与不可抗拒的冲动，以及丧失分寸感。强制将同性恋者塑造为他们不适合的样子无济于事，反而会剥夺其尊严、自我价值和建立健康关系的能力。这种行为破坏家庭、扭曲基督教，并违背人性，必须加以终结。

当然，这不仅是压制同性恋的问题，而且是压制所有情欲的问题。智人本质上是一个性物种。几千年来，各种机构用性耻辱的观念束缚我们，假使我们的性欲很容易就被忽略和驯服，而我们大多数人根据个人经历知道，实际情况并非如此，并认为我们自身肯定有问题。几乎所有人都怀有不敢分享的可耻秘密。

宗教并不是利用这种精神和身体虐待问题的唯一机构。长期以来，医生也参与了一些违背人性的罪行。1850年，《新奥尔良医学外科期刊》宣告手淫为第一公敌，并警告称："无论是瘟疫，还是战争、天花或其他类似恶行，给人类带来的危害都不及手淫，手淫是文明社会的破坏因素。"这般的"科学"声明鼓舞了约翰·哈维·凯洛格博士根除美国手淫行为的运动。尽管他是当时最重要的性教育者之一，但凯洛格声称在40多年的婚姻生活中，他从未与妻子发生过性关系。（这不禁让人思考：除了性和毒品政策领域之外，还有什么领域完全缺乏相关个人经历会被视为可以提供建议的光荣资历呢？）

凯洛格在其畅销书《老少皆宜的简单事实》中概述了劝阻儿童手淫的最佳方法。在《自渎及其影响的治疗》一章中，他称赞包皮环切术是一种"在小男孩身上几乎总是成功的疗法"，并指出"该手术应由外科医生在不用麻醉药的情况下进行，因为手术的短暂疼痛将对思想产生有益影响，特别是与**惩罚**相联系"（句中强调为我所加）。此外，凯洛格推荐"应用一根或多根银线，以防止勃起。将包皮向前拉过龟头，缝合的针头从一侧穿到另一侧。缝合好后，将两端扭绞在一起并切断，之后就不可能勃起了"。[1] 不要担心，凯洛格向家长保证，将小男孩的阴茎缝入包皮中是克服性欲（手淫）最有力的手段。这无非是制度化的、获得文化认可的虐待儿童的行为。健康的年轻男性通常每晚做梦时都会勃起几次，这一事实表明，扭曲的凯洛格博士及其病态建议会造成无法估量的创伤。

女孩们并未幸免于凯洛格的折磨。在同一本书中，他建议父母将石碳酸（苯酚）倒在不当抚摸自己的小女孩的阴蒂上。之所以需要这些痛苦，是因为"科学"已证明手淫会导致阳痿、睾丸萎缩、子宫疾病、不孕不育、心脏病、癫痫、失明、失聪、智力障碍和精神错乱。将近一个世纪后，美国医生才公开质疑这些荒谬的观念。即便在今天，包皮环切术在美国仍然很普遍，尽管并非医学上的必需品。正如性学家约翰·莫尼所解释的那样，"19世纪七八十年代，新生儿包皮环切术在美国分娩室蔓延，并非出于通常的宗教原因或卫生健康原因，而是有人声称，这可以减少诱使男孩手淫的刺激"。

尽管关于觅食者中青少年手淫的数据不足，但人类学家、探险家和慌张的传教士都表示，部落年轻人之间的性探索，即使不被鼓励，也能得到成年人的容许。例如，梅尔文·康纳报道说，在昆申族中，"成人……认为儿童期和青春期的性探索是不可避免且正常的"。实际上，在昆申族中，"性活动被认为对心理健康至关重要，有时（他们）认为心理不健康者是因为……缺乏性而疯狂"。美国最为大胆的人类学家之一玛格丽特·米德曾表示，她所研究的南太平洋岛屿上的青少年和成人，都可以自由进行性探索，这引起了一阵轰动。对岛上的原住民而言，良好的性契合是亲密关系的前提。米德指出："个人的感情可能是也可能不是源于性亲密行为，但后者是前者的必要条件，这恰好与西方社会的理念相反。"

在一篇吓人且有先见之明的文章——《武装的失败者》中，哲学家斯蒂芬·T. 阿斯马阐释道，"对女性解放性行为的恐惧和厌恶"实际上已有效转化为征召年轻伊斯兰圣战者的工具。然而，阿斯马不只对源自压抑的穆斯林文化的袭击感兴趣。在2016年发表的论文开头，他指出，"过去美国发生的129起大规模枪击事件中，只有3起事件的枪击者不是男性。枪手被社会孤立，不受女性青睐"。鉴于这些严峻的事实，美国大规模枪击事件类似于恐怖分子发动的恐怖袭击，这种恐怖袭击是由弥漫美国文化的性耻辱引发的本土圣战。你们认为我在夸大其词吗？阿斯马认为，美国文化本质上是通过不断提及和描述性爱来刺激年轻人的欲望，从而戏弄他们："这些是关乎人类存在的问题，因为它们在男性如何看待自己的核心问题上引起了强烈共鸣，这些共鸣或对或错。"他认为，这一过程加剧了男性的怨恨，"无论是出于何种意识形态上的理由，这种心理都助长了暴力之火的蔓延"[2]。

我并不是说性挫败是圣战或美国大规模枪击事件的唯一原因，但殉道者被许诺72名处女，以及克里斯托弗·哈珀-默瑟去世前的哀叹是有理由的。后者留下了一张便条，哀叹"我将孤独终老，没有朋友，没有女友，到死都是一个处男"，然后在俄勒冈州开枪射杀了1位教授和8名同学。同样的事例未就此止步，在杀死6人并伤害13人之前，22岁的埃利奥特·罗杰在YouTube（视频网站）上传了一个视频，诉说自己拿起手枪时"感到拥有了新的力量"："'贱女人们，现在，谁才是真男人？'我在心里咒骂所有过去看不起我的女人。"[3]

犹如命中注定般巧合，当克里斯托弗·哈珀－默瑟死于附近的安普瓜社区学院时，我和一位来自荷兰的朋友驾车穿越了俄勒冈州的罗斯堡。我们正在倾听大门乐队的歌曲，突然数十辆警车从四面八方涌来，呼啸着从旁边驶过。"如果你是个陌生人，所有人看起来都很陌生。孤身一人，周遭面孔狰狞。如果你不受欢迎，所有女人看起来都让人讨厌……"我们打开广播电台，想了解发生了什么。听到有关枪击事件的新闻时，我的朋友马蒂恩说道："欢迎来到美国。"当然，在荷兰也发生过可怕的事情，但并非这种可怕的事情。我问马蒂恩，荷兰人处理青少年性欲的方式有何独到之处，使他们能够避免这种盲目的愤怒。他建议我研究荷兰的性教育项目，并向我保证，"这些项目正视孩子的性欲，并予以尊重"。

他说得不错。社会学家简·刘易斯和特鲁迪·克宁研究了荷兰的性教育项目，发现该项目比其他国家和地区（特别是英格兰和威尔士）的项目更有可能涵盖女性的性快感、同性恋和自慰之类的潜在争议话题。[4]荷兰的项目模仿了觅食者应对童年发展的许多方法，强调协商青春期性关系时的相互尊重和个人自主。无论采用何种方式评估，这些项目都获得了惊人的成功。社会学家埃米·沙莱特对12~25岁的荷兰年轻人进行了一项调查，发现"大多数人形容自己（广义上的）初次性经历时机合适，在自己的掌控范围内，充满乐趣。关于初次性交，86%的女性和93%的男性表示'两人都同样渴望体验'"。荷兰少女生育孩子的比例在世界上一直相对较低，荷兰女孩的堕胎率也是如此。2007年，15~19岁的美国女孩生育孩子的比例是同年龄段荷兰女孩的8倍之高。20世纪80年代以来，美国的禁欲项目获得了联邦政府的慷慨资助，不过并未解决青少年性欲的现实问题，反而导致美国青少年怀孕率在工业化国家中位列第一。

所谓"美国塔利班"（仇视性欲的基督教激进主义者，其教众数量不多，但有很强的政治影响力）和拒绝正视孩子性欲现实的美国父母合谋加剧了这种愚妄。同时，扎尼塔·拉韦斯洛开展的一项关于荷兰父母的研究发现，在大多数家庭中，"从初吻到初次性体验"，年轻人的性欲被接纳为年轻人生活的一部分。2003年的一项研究发现，15~17岁的荷兰青少年中，有2/3允许女友或男友在自己的卧室里过夜。

沙莱特在研究中发现，美国父母总是以霍布斯式的视角看待孩子的性欲，强调"危险和冲突因素""涌动的荷尔蒙"，以及所谓两性之间天生的对立关系，认为女孩追求爱情，而男孩只在意性。沙莱特写道："由于将性视为分离与控制之间更大拉锯战的一部分，所以即便在社交上相对开放的（美国）父母，对于留宿问题的回应也是：'绝不能在我家发生！'"

在这一点上，我想很多美国读者会对非为人父母的我感到恼怒，因为我认为他们和青少年的一些斗争是不必要的。"你不明白。青少年是疯子！"他们需要叛逆，我了解他们的想法。但数据表明，青少年尤为反抗某种事物，亦即一种压迫的不公平文化，即使他们很少用那些术语来表达自己的愤怒。在1953年的经典电影《飞车党》中，马龙·白兰度扮演的角色被问道："嘿，约翰，你在反抗什么？"他回答道："你们这儿有什么？"也就是说，他反抗的是"全部"。

但这种毫无区别的愤怒并非青少年的普遍特征。跨文化证据有力表明，我们称之为青春期的困难时期实际上是近代的文化产物。人类学家艾丽丝·施莱格尔和赫伯特·巴里三世回顾有据可查的186个工业化前社会中有关青少年的研究时，发现这些文化中有半数以上甚至没有"青春期"这个词。在这些文化中，青少年几乎没有表现出心理病态的迹象，半数以上的文化中毫无年轻男性的反社会行为，其余文化中年轻男性的行为也极为温和。一项相关研究发现，与青少年愤怒相关的问题直到引入西方影响（尤其是学校教育和媒体）后不久才开始出现。相比较而言，在2015年，美国卫生与公众服务部称，大约300万名12~17岁的美国青少年至少有一次严重抑郁发作——专家怀疑这些数字低于实际情况，因为有许多案例并未被报道。根据美国国家心理健康研究所的数据，大约30%的女孩和20%的男孩患有焦虑症。康奈尔大学自残与康复研究项目的主任贾尼丝·惠特洛克指出："如果你想创造一个产生大量焦虑者的环境，我们已经做到了。"[5]

2007年《科学美国人》发表的论文《青少年大脑的神话》中，心理学家罗伯特·爱泼斯坦表示："我们所见的美国青少年的骚动是……青春期后'人为延长童年'的结果。在过去一个世纪，我们越来越多地将年轻人养成婴儿，把越来越大的人当成孩子，同时让他们与成年人相隔离。"在研究了限制青少年行为的法律法规之后（见图8-1），爱泼斯坦发现，"美国青少年受到的限制是主流成人的10倍以上，是现役美国海军陆战队士兵的2倍，甚至是被监禁的重罪犯的2倍"。爱泼斯坦和戴安娜·杜马开展的其他研究表明，"青少年的婴儿化程度与其表现出心理病态迹象的程度之间存在重要关联。毫无疑问，青春期的动荡并非不可避免"。爱泼斯坦总结道："这完全是现代文化造就的后果——最终体现在受困青少年的思想上。"

如果现代文化落后于受困扰的青少年的大脑，那么其对受困扰成人的大脑又会有何影响呢？

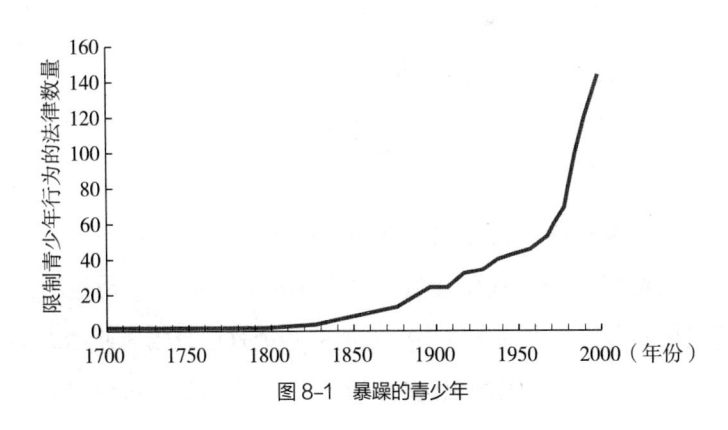

图8-1 暴躁的青少年

第 9 章

焦虑的成年人

求而不得的好工作

告诉你吧,我们活在世上就是来混日子的,别让任何人告诉你不同的看法。

——库尔特·冯内古特

若有人不肯做工,就不可吃饭。

——《帖撒罗尼迦后书》(第3章,第10节)

当纪录片制片人乔尼·休斯与巴布亚新几内亚一个偏远的"昆虫部落"(Insect Tribe)共同生活时,一些接待他的部落成员问是否可以到英国去探望他。几个月后,当休斯提出将一些觅食者带到伦敦的想法时,他的老板意识到了这个想法的价值,并同意资助他们的旅行。但休斯担心,这次探望可能会

"让现代思想污染觅食者的文化，或让觅食者极为羡慕一个其无法企及的世界"[1]。毕竟，这些人的生活条件非常原始，没有冰箱、现代医学、电视或其他现代奇迹。但当觅食者的旅行结束时，休斯的观点被颠覆了：

> 他们每次细细观察后的交头接耳，都让我们无力解释自身社会准则的疯狂，他们登上飞机返回巴布亚新几内亚时，我们才是对他们羡慕不已的人——羡慕他们欢乐相依的社区，对生命中重要事物的清晰理解，他们坚如磐石的心境，简单的快乐，充裕的闲暇时间，无可争议的"善良"，没有抵押和债务。相较而言，我们的现代世界表现出了人类生存的淫秽和功能失调。

如果休斯听起来像是我们总被告诫需要远离的愚蠢浪漫主义者，那我们可以计算一下。休斯表示，部落成员"对我们如何平衡工作和生活而着迷，因为在部落中，他们一周会在收集食物、打猎等这些他们需要做的事情上花大约 20 个小时。剩下的时间与家人共度，用于生活、社交或闲暇"。

难怪他们感到困惑，他们在伦敦所寄居的家庭的父亲马克，每天一大早就离开，直到晚上才回来。休斯回忆起他们的疑问："为什么要这样？为什么你每天都要出去，不和你真正关心的人在一起？这不合理！"马克解释道，自己必须工作才能还清所居住房子的款项。"需要多久才能还清房款？"他们问道。当马克告诉他们房贷时限为 25 年时，他们震惊而又同情地看着他，并解释如果部落中有人需要住房，部落里的其他人都会前来帮忙，在几周内盖好房子。

探望结束后，昆虫部落的人仅将一项创新带回了巴布亚新几内亚：将羽毛绑在箭上以稳定飞行。显然，那是现代世界唯一令他们印象深刻的东西。

人类学家很久以前就确定，几乎无一例外，狩猎采集者每天很少"工作"超过三四个小时，并且这些活动"与仪式、社交和艺术表达相结合，达到西方社会大多数人所不了解的程度"，正如约翰·高迪所解释的那样。经济学家约翰·高迪负责编辑人类学家和经济学家的论文集《有限的需求，无限的手段》，该著作显示了觅食者的行为始终与现代经济理论认为的普遍状态相反的多种方式。[2]

"工作就是苦力，其唯一目的是使人们过上'真实'生活的观念在狩猎采集社会里并不存在。经济学教科书讨论的工作与休闲之间的权衡显然是不存在的。"高迪表示。利德洛夫曾经指出，耶夸纳语中没有"工作"一词，因为这一概念对他们而言是陌生的。"其语言中可能包含每个活动的单词，但没有表示（工作）的通称。"彼得·格雷也赞同地说道，"一般而言，狩猎采集者没有辛劳的概念。"格雷认为，儿童游戏和成人活动之间存在连续性，这使"工作"这一概念难以得到理解。他指出，孩子们在成年人的狩猎、聚会、制作工具以及所有其他活动中玩耍，就像小狼崽在狼群中玩耍一样。随着孩子逐渐长大,"玩耍的行为变成了工作,但它还保留着玩耍的本质,甚至可能变得比以前更有趣,因为其生产性能够帮助整个部落,并受到所有人的重视"。

格雷指出了四大主要原因,来说明为什么觅食者生存所必需的日常活动更多地被视为娱乐而非工作:

1. 它形式多样,需要技巧和才智,从而获得擅长某项需要全身心投入事情的满足感。"(觅食者的)能力包括经过多年实践磨炼的生理素质,以及铭记、使用、添加和修改大量文化上共享的语言知识的能力。"
2. 这种知识并不太多。世界各地的人类学家已经确定,觅食者每天很少"工作"超过几个小时。
3. 其"工作"是由一群朋友一起完成的。在大多数生态环境中,狩猎集会至少由几个男人组成,而女性几乎总是成群结队地狩猎和聚集。人类学家阿尔夫·万嫩伯格描述与昆申族的聚集性外出为"欢乐事件",通常具有"孩子般外出野餐的气氛"。
4. 在任何特定的时间,对任何特定的人而言,这都是可选择的。这是决定狩猎采集式生存"嬉戏性"的最重要方面,因为选择感最终决定了某项活动是工作还是娱乐。至关重要的是,觅食者找到了一种方法,能在做事的同时最大限度地提高每位参与者自由加入的意识。

我们是在一个在围绕稀缺性概念组织起来的世界中长大的,很难想象我们的祖先(据说仅仅为了生存而陷入永恒的斗争)找到了摆脱痛苦并带来收益的方法,但人类学家已经证实,在许多觅食社会中,谁生产和谁获得经济产出之间几乎没有任何关联。在认为为了获取食物和住所而必须进行的活动是艰苦的和不愉快的社会中,对低产者的轻蔑是有道理的。毕竟,如果工作很辛苦,为什么我要比你做更多的事?但如果这些活动是我们在业余时间喜欢做的事情(打猎、散步、钓鱼、修理小屋、和孩子玩耍),这种逻辑就崩溃了。如果打猎是一种乐趣,那为什么那些打猎最多的人应该比其他人得到更多的重视?

觅食者很少愿意被雇用,除非迫不得已。即使被雇用,他们的不勤劳也是出了名的。在谈到火地岛的雅马纳人时,德国民族学家马丁·古辛德感叹:

> 雅马纳人无法进行持续的日常劳作,这使欧洲农民和其雇主感到苦恼。雅马纳人的工作时间多为间歇性的,在这种偶尔的努力下,他们可以在一定时间内爆发出许多能量。然而,在那之后,他们就会表现出对长时间休息的渴望,在此期间,他们无所事事地躺着,不会表现出极大的疲惫感……这不是他们自己能控制的。这是他们的天性。[3]

这种"自然倾向"是否为懒惰,或仅仅是对无意义劳作的鄙视?

在另一端，一些最早居住在澳大利亚的欧洲人对"悲惨的原住民"感到同情，他们"由于饥荒不得不悲惨地依靠小屋附近的食物生存"，包括昆虫、啮齿动物和幼虫。尽管欧洲人注意到原住民看起来很是健康幸福，并且很喜欢躺在吊床上，他们似乎从未想到原住民正在吃营养丰富的食物，而这些食物无须工作即可获得。

在我们的世界中，"work"（工作）这个词无处不在。服务员问我是否还在"working on"（吃）沙拉。我们进行锻炼被称为"work out"。在治疗中了解自己被称为"doing the work"。"What are you working on？"（你在做什么？）成为询问身份的一种方式。但我们中几乎无人有幸以与我们本性相符的方式工作。我们蜂拥而入，手里端着咖啡，翻动文件，试图显得忙碌并保持清醒，与绝望做斗争，然后回家喝了许多酒。露脸，打卡上班，失调。费奥多尔·陀思妥耶夫斯基在半自传小说《死屋手记》中写道："如果想彻底粉碎并摧毁一个人，对他进行最可怕的惩罚……所需要做的就是让他完成毫无用处、毫无意义的工作。"从工厂车间到公司会议室，毫无用处、毫无意义的工作是当今世界的普遍问题。你还应该对这种"福报"心怀感恩！

难怪哈佛大学近期的一项民意调查显示，在18~29岁的美国人中，只有不到1/5的人认为自己是"资本主义者"。他们中只有42%的人表示自己"支持资本主义"。正如《时代周刊》报道的那样："这不仅意味着千禧一代不在意'社会主义'

标签，也意味着心怀不满的美国中年人厌倦了经济复苏乏力。这种制度使大多数公民对美国的经济基础感到不安——尽管数百年来，这一制度使这个由农民和投机者组成的新兴社会变成了人类历史上最繁荣的国家。"

然而，当一个国家的基础设施崩溃，精神病患者被判入狱，数百万人甚至无法享有基本医疗服务，1/5 的儿童每晚饿着肚子睡觉时，我们怎么能说这个国家是"历史上最繁荣的国家"呢？在一个 4 700 万人生活在官方贫困线下、数百万人徘徊在官方贫困线附近的国家，"繁荣"代表什么？遵循普遍但荒谬的模式，将一些家庭天文数字般的财富平均为令人欣慰而毫无意义的统计数据，以显示美国的"繁荣"，这是不合情理的。荒谬还差不多，绝非繁荣。

任何情况下，繁荣都不是生活满意度的关键。意大利经济学家保罗·韦尔梅发现，到目前为止，变量"自由与控制"是自我生活质量最重要的预测指标。也就是说，最直接影响幸福的自由是无须每周五天被闹钟叫醒，无须刮胡子、系领带（或穿胸罩），无须假装尊重自己不喜欢的人，仅仅因为他是你的老板，这样才有足够的钱摆脱月度账单的牵制。

1932 年，哲学家伯特兰·罗素发表了一篇引人入胜的出色的文章，题为《对空闲的赞美》，他在文中指出"工作的道德是奴隶的道德，而现代世界不需要奴隶制"。牛津大学的一项研究预测，到 2030 年，美国 47% 的工作岗位将因自动化而消失，如果预测准确，不久后我们就几乎不需要工作，更别说奴隶制了。大约一个世纪前，罗素认识到，人类花在工作上的大部分时间都是一种浪费，并指出"只有愚蠢的禁欲主义，通常是间接性的，使我们继续过量工作，现在已不再需要"。他将工作问题与以下事实联系在一起："穷人应该有闲暇的想法一直使富人震惊"，为第一次世界大战而动员的工人从未解放过。当然，在这篇文章发表10年之后，一场更大范围的动员正在进行中，最终凝聚为艾森豪威尔总统所说的"军事工业联合体"。罗素的这篇文章最引人注目的是最后一段，他设想了人类的未来，听起来与我们史前的经历几乎相同：

最重要的是，人类将有生活中的幸福和快乐，而非神经紧绷、疲倦与消化不良。要求的工作将足以使人获得休闲愉快的时光，又不使人筋疲力尽。普通人有机会享受幸福的生活，会变得更加友善，较少咄咄逼人，也不太会以怀疑的目光看待他人。出于这个原因，以及战争给所有人带来漫长艰辛的劳作，对战争的喜爱将会褪去。在所有道德品质中，善良是世界最为需要的，善良是安逸与安全的结果，而非艰苦奋斗的结果。迄今为止，我们仍然精力充沛，正如机器尚未出现之前那样；不知疲倦的我们是愚蠢的，并且没有理由永远愚蠢下去。

如果工作并非必要，为何我们仍然劳作不止，仿佛美好生活的关键就是把大部分时间花在不想做的事情上？

金钱的代价

金钱的代价通常十分沉重。

——拉尔夫·沃尔多·爱默生

会玩儿的人,死而无憾。

——马尔科姆·福布斯

我们对史前生活的了解越多,文明就越像一个金字塔骗局。人们定居到村庄和城镇时,财富和权力的分化最先开始出现。有人得做出决定,确定谁获得什么,以及何时获得多少。有人得组织播种和收割、土地与牲畜的保护及贸易。一旦利益出现,自然就会诱使精英阶层从其特权地位中进一步受益。

当狩猎采集社会出现类似情况时(例如一只大型动物被捕杀),正式的行为守则开始出现,以防止意外收获分配不均。在几十个彼此熟识的觅食者中,耍手段很快就会被发现并被阻止——最初是轻松愉快的幽默,但若逗弄无效,就会面临严重的威胁。

一旦人类群落发展到超越了个体间直接联系的阶段,迷人而可怕的事情就会发生:他人成了抽象意义上的存在。约瑟夫·斯大林曾经有过类似的思考:"一个人的死亡是悲剧,百万人的死亡只是统计数字。"当人类的数量增长至无法再具体描绘受我们决定影响的人的面容时,与生俱来的同情心往往会被其他关切所淹没。那些会不假思索地跳入河中营救溺水儿童的政客对批准一些政策无动于衷,冷眼旁观数百万贫困儿童因无法享有基本医疗或学校午餐而苦苦挣扎。比较我们在小规模社会与大规模社会中的运作方式时,人类似乎变成了两种不同的生物:蚱蜢和蝗虫。

觅食者难以想象的贫富差距在现代世界中十分普遍。在美国,自从所谓"兴旺的 20 年代"开始,财富分配开始了前所未有的失序。2012 年,根据法国经济学家托马斯·皮凯蒂及其同事汇编的研究,美国前 1% 的家庭的收入占全国总收入的 22.5%,达到 1928 年以来的最高比例。20 世纪 50 年代,美国公司的首席执行官可以期望得到高出普通员工 20 倍的薪水。如今,该差距已扩大 10 倍多,高于 200∶1。一些首席执行官使这种比例看上去完全如马克思所描述的那样。2011 年,苹果公司首席执行官蒂姆·库克的薪水、股票和其他津贴高达 3.78 亿美元,是苹果公司普通员工工资的 6 258 倍。世界上最富有的 85 人所控制的财富比最贫穷的一半人口加起来的财富还要多。试想一下,像你我一样平凡的 85 人控制的财富多于 35 亿人(其中许多人生活在绝望的贫困中)的财富。诺贝尔经济学奖得主保罗·克鲁格曼称赞皮凯蒂"可谓世界上收入和财富不平等方面的一流专家"。皮凯蒂认为,当今美国的收入不平等现象"应该高于过去任何时候的任何社会,高于世界上任何地方"。这样的财富差异不仅不人道,而且缺乏人性,冒犯了我们与生俱来的公平倾向。

16世纪，三名图皮南巴人从巴西被带到法国，他们拜见国王查理九世时，随笔作家蒙田在场。当被问到对欧洲生活方式最独特的发现时，蒙田讲道："他们注意到，我们中有人享有各种各样的商品，而与此同时，（其他）人则在门口乞讨，身体瘦弱，饥肠辘辘，贫穷不堪。他们觉得奇怪的是，这些贫困者竟能遭受如此巨大的不平等和不公正待遇而没有扼住别人的咽喉，也没有纵火焚烧别人的房屋。"

当然，有时穷人确实会起义，纵火焚烧富人的房屋，并且这种情形会重复上演，而少数精英阶层从无组织的群众的劳动中获利。新老板一如旧老板。考虑到这种情况反复出现，许多人认为这种状况仅仅是人性或自然的结果就不足为奇了。20世纪的许多敛财大亨都喜欢扭曲达尔文的理论，以暗示他们的财富是其先天优越的"适应性"的逻辑结果，因此就像其他强者捕食弱者的形式一样自然而不可避免。例如，安德鲁·卡内基在《财富的福音》中指出，尽管这一"自然法则"给穷人造成了巨大苦难，但"确保了各个部门的优胜劣汰……因此，我们接受并欢迎环境的不平等、工商业集中在少数人手中以及这些人之间的竞争法则，作为我们必须适应的条件，这不仅有益，也对人类的未来发展至关重要"。

尽管达尔文认为经济不平等是文明发展中必要的第一步，但在其旅行途中访问过的许多社会中，并不存在物质上的不平等，因此，这种不平等比人性的直接表达更为复杂。达尔文的观察得到了当代研究人员的证实。高迪得出结论："（狩猎采集）社会中没有经济学家关于经济人的所有假设。即时回报型社会中的人并非贪婪、以自我为中心的成本效益计算器。在这些社会中，可以最为清楚地看到，经济人作为一种普遍的人的类型是虚构的。"我们对狩猎采集者了解得越多，就越明白他们的生活相较我们更接近人的本质，因为现代市场资本主义要求颠覆我们一系列的自然行为。"西方经济理论中蕴含的人性观是人类历史上的反常现象，"高迪总结道，"狩猎采集者代表'非理性经济人'。"

在1966年的人类学会议"狩猎者人类"上，人类学家马歇尔·萨林斯展示了首个对史前生活的霍布斯主义范式提出实质性现代挑战的研究。在"原初丰裕社会"的座谈会上，萨林斯介绍了我在本书中争论的许多想法。几年后，他在《石器时代经济学》一书中更为详细地阐述了自己的论点。他在书中写道："世界上最原始的人类拥有的财产很少，但他们并不贫穷。贫穷并非一定数量的商品，也非手段与目的之间的关系；最重要的是，贫穷是人与人之间的相对关系。"萨林斯宣称："贫困是一种社会地位。因此，它是文明的结果。"以色列人类学家尼里·伯德－戴维更为深入地论述道，觅食者不仅不贫穷，其行为还表明他们认为自己很富有："就像相对于他们对匮乏的看法，西方人的行为可以理解一样，相对于他们对富足的看法，狩猎采集者的行为也是可以理解的。"他们是名副其实的高贵的野蛮人。

如何在胜利中败亡

> 那些认为体系有效的人为体系服务。
>
> ——拉塞尔·布兰德

如果贫穷是一个相对概念,那么富裕也是如此。与我们的直觉相反,在文明游戏中,最大的赢家通常是彻底的输家。我并不是说应该宽恕、原谅或忽略现代世界中极为扭曲的财富分配。我当然不会忘记这样残酷的事实:当数十亿人苦苦寻找下一顿饭或干净的水时,另一些人住在山顶的豪宅里,将昨夜狂欢派对上的香槟倒入下水道中。用教皇方济各的话说,人类正加速将地球从奇妙的奇迹转变为"巨大污秽"的过程,仅在有限的时间内以有限的方式使超级富豪受益。的确,他们永远不必在兰博基尼的后座上担心挨饿、找工作或供养大家庭的问题,但他们无法用财富摆脱人类共同面临的风暴。汹涌的浪潮并不区分豪宅与棚屋。富人及其孩子呼吸同样恶臭的空气,沐浴在同样有毒的水中,并吃着同样浸有毒药的食物。压力重重的百万富翁或许能接受最好的化疗,但他仍会患上癌症。富人终究和其他所有人一样,受到相同自然规则的约束。

金钱就像食物、雨水、妻子、丈夫、孩子、猫、性爱、电视台和装饰抱枕一样,超出需要就是过多。然而,由于我们被灌输了金钱是收益递减规律的黄金例外的观念,所以我们很难知道什么时候应该不再执着于财富,而是直接拿钱走人。

多年前，在印度坐火车时，邻座男人向我解释其祖父是如何在加尔各答北部的山丘上捕猎猴子的。他做了一个小木箱，木箱的侧面有一个圆形的孔洞。在安装顶部之前，他将杧果放入木箱中，然后将木箱绑在树上，过往的猴子闻到腐烂的杧果的味道后，就会从圆形孔洞中钻进箱子。杧果太大，无法从孔洞中拿出来。猴子面临一个难题：是放下杧果离去，还是握着未吃完的杧果坐在那儿，直到猎人出现？那人说，这一陷阱非常有效。

我们中间有谁能放弃杧果离开？我知道，如果有100万美元的存款，或许你觉得自己会买一间舒适的小屋放松下来。但真是如此吗？一旦拥有了这100万美元，你就不再是今天的你了。你会有不同的朋友圈——其中多位身家超过百万美元。你的"正常"状态将转向维护成本更高的方面。提示你"生活常态"的环境将发出新的、更为昂贵的信号。

我非常喜欢红酒——甚至过于喜欢。即便如此，通常一瓶价值10美元的红酒对我来说就可以了。有时如果有朋友推荐，我会花20美元买一瓶红酒。我并非红酒鉴赏家，但我记得品尝这一价位红酒的味道与未经鉴赏训练的味觉所能想象品尝的红酒一样美味。当然，我的记忆可能与所吃的食物、陪伴在我身边的朋友、远处山丘的夕阳西下、传来的袅袅林烟的味道有很大关系。无论如何，对我来说世上没有哪种红酒能让我尝到两倍于此的美味，40美元的红酒做不到，4 000美元的红酒也做不到。同样，喝双份酒也无法让我对红酒的享受加倍。从某种程度上讲，我对那瓶里奥哈酒的记忆受到当时氛围的强化，这恰恰论证了我的观点。美妙的感受完全与红酒无关，而是关于体验。多数事物的质量都有上限，通常很快就能达到上限。如果不是这样，你所寻求的很可能与产品的关系不大，而与你所深信的产品能够满足的心理渴求相关。手表可以显示时间，而佩戴价值 20 000 美元的劳力士手表就不仅仅是为了看时间。

丹尼尔·吉尔伯特在《哈佛幸福课》一书中解释了为什么人类如此容易被遥不可及的胡萝卜所愚弄："人脑错误预测了自身满足感的来源，因为我们无法理解自己适应正面事件和负面事件会有多快。人们总是对异常成为正常、非凡成为平凡之快而感到惊讶。当一个人说'我永远无法适应'时，他几乎总是错。"心理学家把这种迅速将舒适视为理所当然的过程称为"享乐主义适应"，它通过引导我们将精力错误地放在追求很快变为常态的新奇状态（也就是成瘾）上，而破坏我们为幸福而奋斗的过程。

我最舒爽的一次洗澡经历发生在 1987 年的尼泊尔。我风尘仆仆地在山里走了好几天，那晚扎营时，我用小火烧了几升水。经过很长时间，水才变热。仔细擦拭了身上几个部位后，我将一锅热气腾腾的水抬到因为蹲坐太久而发抖的身体上，将水小心翼翼地倒在我的头和脖子上。我永远不会忘记水流过我的脊背，温暖如生命的那种感觉。然而，我早已忘记今早洗过的热水澡，因为我所需要的，无非是打开淋浴开关，迈入麻木乏味、完全没有意思的舒适水蒸气中。

除了人类迅速将遇到或创造的任何改善视为理所当然的弄巧成拙趋势外，我们还容易受到外界提示的影响，这些提示告诉我们自己的基线应该位于何处。经济学记者詹姆斯·苏罗维基在专栏文章《缩小超大规模》中提到一项研究，他称："研究人员将一碗巧克力豆放在公寓楼的服务台上，碗边附有一个汤匙，旁边有一张字条上写着'尽情吃'。隔天，研究人员将汤匙换成了一个大勺子，是原来那个汤匙的 4 倍之大。如果人们只是吃想要吃的量，那么勺子的大小应该没有影响，但实际上影响很大。勺子越大，吃的巧克力豆越多。"苏罗维基得出结论："大部分人对自己想要的没有确切想法；相反，我们希望借助外部提示（例如包装或杯子的大小）来指导自己。"[4] 尤其在美国社会中，所有提示都指向更多。

在我久居的西班牙，一杯标准的生啤酒是 250 毫升，而在美国，酒吧里的啤酒通常是 1 品脱（470 毫升）。因此，在西班牙，和朋友出去喝啤酒时，我的"三杯啤酒"通常达到 750 毫升，而在美国，我的饮酒量近乎高达两倍。怪不得我在美国会变胖！在我看来，情况是相同的：我只是喝了几杯啤酒。但我的肝脏和腰围更了解我喝了多少。

伊塔马尔·西蒙森和阿莫斯·特沃斯基研究了"情景依赖性偏好"。他们表明，如果向潜在客户提供标准的廉价相机和价格更高、功能更多的相机，选择两种相机的人数大概各占一半。但当添加了价格更高的第三种选择时，大多数人会选择中间项。[5] 突然间，仅仅通过添加极尽奢华的可能选项，之前对许多买家来说似乎昂贵的东西就成了合理的选择。当你坐飞机时坐在狭窄的座位上，商务舱看起来像应许之地般美好。但在商务舱座位上，你可以听到头等舱里香槟杯清脆的碰撞声。

富有浑蛋综合征

2007年，加里·里夫林撰写了一篇《纽约时报》专题报道，介绍硅谷的成功人士。[6] 其中有一位成功人士叫哈尔·斯蒂格，他和妻子住在一栋可以俯瞰太平洋的百万美元豪宅中。他们的净资产约为350万美元。假设收益回报率为5%，斯蒂格和妻子完全可以取出现金进行投资，并依靠每年约17.5万美元的被动收入度过余生。然而，里夫林写道："大多数早晨，（斯蒂格）7点就坐在办公桌前了。他通常每天工作12小时，周末额外工作10小时。"当时51岁的斯蒂格感觉到了其中的（一点点）讽刺意味，他对里夫林说："我知道外界的人会问为什么我这样的人一直这么努力工作。因为几百万美元的价值不同以往了。"

斯蒂格大概是指通货膨胀对货币的侵蚀作用，但他似乎并不知道财富如何影响自己的心理。"硅谷到处都是工人阶级百万富翁，"里夫林写道，"像斯蒂格先生这样长时间苦干的人，尽管已跻身幸运的少数人中，但仍然努力工作，这让人吃惊。然而，许多这般成功和雄心勃勃的数码精英并不认为自己特别幸运，部分原因是他们周围满是拥有更多财富的人——而且财富往往要多得多。"

在采访了几位高管后,里夫林总结道:"那些百万富翁经常认为自己积累的财富微不足道,这反映出他们在新镀金时代的谦卑地位,这个时代成千上万的人积累了更多的财富。"加里·克热门是另一个明显的例子。身为默契网(Match.com)的创始人,克热门的身家约为1 000万美元,他理解自己身处陷阱,但仍不愿放开"杧果"。他说,"周围的每个人都盯着比自己更有钱的人",在这里,"即使拥有1 000万美元,你还是无名小卒"。如果拥有1 000万美元还是无名小卒,那么成为一个大人物的代价是多少?

现在,你可能会想:"让这些家伙和他们的私人飞机遭遭罪吧。"说得好。但实际上,那些家伙已经遭过罪了。确实如此。他们只有如身处地狱一般努力工作,才能达到目前的地位,而且比历史上99.999%的人拥有更多财富,但他们仍未处于自己需要达到的地位。如果不从根本上改变生活方式,那么他们永远无法实现自己的目标。此外,如果这种徒劳无功的黑暗处境不断降临,就不可能从朋友和家人那里得到很多同情。"在这一点上,没人关心我的问题。"举世闻名的百万富翁漫画家吉姆·卡里解释道,"我的头部侧面可能长了一个肿瘤,但那些人会说'哦,这没什么大不了的。我要是能像你一样那么有钱,情愿每天早上吃一个肿瘤'。"

西班牙语中的"aislar"一词,既表示"隔绝",又表示"孤立",这就是我们大多数人赚到更多钱后所经历的事情。我们买了汽车，不再乘坐公共汽车；我们搬出嘈杂的公寓，搬到有围墙的房子里；我们下榻昂贵安静的酒店，而不再入住以前经常光顾的肮脏旅馆；我们用金钱来隔绝风险、噪声和不便。但"隔绝"是以"孤立"为代价的。安逸要求我们切断偶遇、新歌曲、陌生的笑声、新鲜的空气以及与陌生人的随意互动。

研究人员多次得出结论，幸福的单项最可靠预测因子是群体归属感。20世纪20年代，约有5%的美国人独居。如今，根据美国人口调查局的数据，超过1/4的美国人独居——达到有史以来的最高水平。同时，在过去的20年间，抗抑郁药的使用量增加了400%以上，止痛药的滥用正日益泛滥。相关性并不能证明因果关系，但这些趋势并非无关紧要。也许是时候问一些与此前毋庸置疑的愿望相关的紧迫问题了，如舒适、财富和力量。

大学毕业后，我的第一份真正的工作是在纽约钻石区进行商业地产管理（如果不算1984年夏天在阿拉斯加州基奈剔除三文鱼内脏的活儿的话）。凭借我的英语学士学位和渔业工作经验，与曼哈顿中城交易商进行租约谈判的工作，对我而言犹如选择斗牛士或芭蕾舞者作为职业一般。

我受雇帮助管理的建筑的所有者70多岁，极为富有。说他一辈子财富无忧，就犹如说休伦湖不太可能干涸一样。除房地产外，他还对其他业务感兴趣，其中一项涉及从助听器电池中提取贵重金属。不过，并非所有电池都包含铂——或使用过的铂。因此，当我与黄金交易商、水管工、城市检查员和宝石切割机打交道时，我的千万富翁老板每天早晨来到没有窗户的办公室，将数百个细小的电池从玻璃瓶中倒在橡木桌子上。与咖啡为伴，他每天早上都在分拣有价值的东西。午餐后，陪伴他的是古巴雪茄和一杯代替了咖啡的格兰菲迪苏格兰威士忌，但分拣仍在继续。从星期一到星期五，每天如此。

有一天我问他为什么不去某个地方享受人生——去他在牙买加的房子，去欧洲旅行，随便什么地方。"对我而言，金钱已不再具有真正的价值，"他回答道，"它就像游戏中的积分，而我喜欢获胜。"但若"获胜"意味着每天早晨起床刮胡子，穿西装打领带，到连窗户都没有的办公室上班，独自坐在那儿将助听器电池分成两堆，那我们玩的又是什么游戏？

辞掉曼哈顿那份奇怪的工作后不久，我意识到自己也很富有。我在印度旅行了几个月，尽可能忽视乞讨者。住在纽约后，我习惯将注意力从绝望的成年人和精神病患者身上转移开来，但我难以适应一群孩子聚集在街头餐厅的桌子旁，饥饿地盯着我盘中的食物。最终，服务员会赶走他们，但他们只是跑到街上巴望，等我离开服务员的视线，希望我能带些残羹剩饭给他们。

在纽约，我已对在大街上看到的绝望画面形成了一种心理防御机制。我告诉自己，无家可归的人有社会服务帮助，他们会用我的钱来购买毒品或酒，他们很可能是自作自受。但上述情况都不符合这些印度孩子，因为没有庇护所等待接收他们。我看到他们夜间睡在街上，像小狗一样抱团取暖。他们不会挥霍我的钱,甚至都没有要钱。他们只是饥肠辘辘地盯着我的食物,其瘦弱的身体残酷地证明他们真的饿了。

有时候,我会买些萨莫萨三角饺分发给他们,但是食物很快就被瓜分完了,更多的孩子(和成年人)围绕着我伸手乞讨,用恳求的眼神看着我。我会算账,用我从纽约到新德里的单程机票钱,可以帮助几个家庭摆脱延续数代的债务;我前年在纽约餐厅的消费,可以让一些孩子完成学业;我在亚洲旅行一年的花费,完全可以建造一所学校。

我多么希望自己做到了其中几项,但是我没有。相反,我发展出了忽略这种情况所必需的心理疤痕组织。我学会了不再思考本可以做的事情,因为我知道自己不会去做。我不再流露出任何同情的表情。我学会了跨过街上的人体——无论其是尸体还是在沉睡——根本不往下看。我学会做这些事情,是因为我不得不这么做——或者说我告诉自己需要这么做。多伦多大学的斯特凡·科泰及其同事的研究证实,富人不如穷人慷慨,但他们的发现表明,这并非如财富使人吝啬那么简单,而是财富差异产生的距离打破了人类善良的自然流动。科泰发现,"只有居住在高度不平等的地区,或者不平等程度被描述为相对较高时,高收入者才会不那么慷慨"。[7] 不平等程度较低时,富人和其他人一样慷慨。不平等程度达到极端时,富人会更加吝啬。这一发现冲击了高收入者更自私的观点。如果需要帮助的人看起来与我们没有那么不同,我们很可能会帮助他们。但如果他们看起来与我们相差很大(包括在文化和经济层面),我们就不太可能伸出援手。

富人和穷人之间的社会距离，就像其他许多将我们彼此分隔开的距离一样，只在农业和随后的等级文明出现之后才被人类所体验。这就是为什么在心理上如此难以扭曲灵魂，让你可以忽略近在咫尺的正在挨饿的孩子。你得让呼唤正义与公平的内在声音沉默。但让这个古老而坚持的声音沉默，是以我们自身的心理健康为巨大代价的。

如果多数富有的浑蛋不是天生的，而是后天形成的呢？如果经常与上层人士联系在一起的冷漠并非由一群讨厌的保姆、过多的航海课程或多次食用鱼子酱导致的，而是由在幸运的同时仍因未满足而倍感失落造成的呢？我们被告知，那些拥有最多玩具的人是人生赢家，财富代表人生计分板上的积分。但若这种说法只是欺诈我们的骗局呢？

称悲惨的富人为"赢家"，就像称呼每个穿过军装的人为"英雄"一样。我们在强化造成混乱的错误叙事。的确，心理病态者会被利润丰厚的职业所吸引，但真正的心理病态者很少，即使在华尔街也是如此。我并不是说自己宁愿无家可归也不愿富有，或者这两种处境的生活满意度没有实质性差异。我认为，富有并非人们所说的那么好（远非如此），那些毕生追求财富的人以为财富会带来幸福，实际却被困在与其他人相同的轮子上。

一位富有的朋友最近告诉我："通过说'是'可以成功，但要保持成功，你需要说很多'不'。"如果你觉得自己比周围的人更富有，则必须多说"不"。无论是在硅谷的星巴克还是在加尔各答的后街，你都会不断收到请求、要约、推销和恳求。拒绝真诚的帮助请求对人类来说并不容易。美国国家神经疾病和中风研究所的神经科学家豪尔赫·莫尔、乔丹·格拉夫曼和弗兰克·克鲁格使用功能性磁共振成像机器来证明利他主义深植于人性中。他们的研究表明，大多数人从无私行为中获取的深切满足感不是由于仁慈的文化，而是由于人类大脑的进化结构。当志愿者将他人的利益置于自身利益之上时，与食物或性相关的大脑原始部分会被激活。研究人员在测量74名学龄前儿童的迷走神经张力（一种衡量安全感和平静感的指标）时发现，相较由自己保留所有代币的孩子，愿意捐赠代币帮助患病儿童的孩子的阅读能力要好得多。首席研究员约纳斯·米勒表示，研究结果表明"我们可能从年轻时就开始与他人联系，从照顾他人中获得安全感"。然而，米勒及其同事还发现，人类对慈善事业的任何先天倾向都会受到社会暗示的影响。来自较为富裕家庭的孩子所分享的代币要少于那些家庭并不富裕的孩子。

哈佛大学神经科学家和哲学家约书亚·D.格林表示，许多研究表明，道德源于基本的大脑活动。格林认为，道德不是由哲学家和神职人员"传下来"的，而是大脑基本倾向的产物，是"传上来"的。当阿西西的圣方济各说"在施与中我们获取"时，他所言非虚，他注意到的是人类的显著特征。研究表明，人类对合作和其他亲社会行为的冲动，早在远古之前就有深远的根源，这进一步削弱了有关人性末日的观点。"黑猩猩生活在一个富裕的社会环境中，彼此依赖。"哈佛大学的菲利克斯·瓦内肯表示，"关爱他人是一种根深蒂固的感觉，并不需要一个具有社会规范的大社会来引发。"（弗兰斯·德瓦尔和其他学者证明，另一种最接近人类的灵长类动物倭黑猩猩甚至比黑猩猩更为紧密地合作。）詹姆斯·里林使用功能性磁共振成像技术比较灵长类动物（包括人）的大脑结构和功能，希望识别特定的大脑分工，以加深我们对人脑进化的理解。他的结论是，人类"对合作的情感偏向只有通过努力的认知控制才能克服"。我们的默认行为是寻求合作，而非计较原始的个人利益。对灵长类动物的研究表明，即使猿类也会尽全力为同伴提供食物，尽管其所得会减少。给卷尾猴提供两种不同颜色的代币时，其中一种仅奖励拥有者，而另一种则能为两只猴子都带来美餐，它们会偏爱后一种"亲社会"的代币。德瓦尔解释道："这并不是出于恐惧，因为处于优势地位的猴子（最不需要恐惧）实际上最慷慨。"[8]

猴子和人类一样，慷慨与对公平的期望相伴而生。在德瓦尔与萨拉·布罗斯南一起进行的一项实验中，猴子做任务可以得到一片黄瓜或一颗葡萄。当获得的"报酬"相同时，猴子们相处融洽，无论获得的"报酬"高价（一颗葡萄）还是低价（一片黄瓜）。但当研究人员在实验中引入不平等报酬后，情况变得紧张了。德瓦尔说："收到黄瓜的猴子满足地咀嚼着黄瓜片，但当发现自己的同伴得到的是葡萄后便大发脾气。"

有趣的是，仅仅分发不平等的食物并不会在灵长类动物中引发同样的反应。食物需要用于交换某种任务，以触发公平反应。当布罗斯南对黑猩猩进行类似研究时，她观察到"二阶公平性"，即便获胜者也对这一安排表示反对。"我们意外发现，当其他黑猩猩获得价值较低的胡萝卜时，与其他黑猩猩也获得葡萄时相比，黑猩猩更有可能拒绝高价值的葡萄。"

沉迷美元

心理学家达谢·凯尔特纳和保罗·皮夫用四向停车标志监视交叉路口，发现与驾驶廉价汽车的人相比，驾驶豪华汽车的人插队的可能性要高出 4 倍。研究人员冒充行人等着过马路时，所有廉价汽车的驾驶者都尊重行人的通行权，而豪华汽车的驾驶者即使与行人有目光接触，仍有 46.2% 是径直前行的。同一团队的其他研究表明，较为富有的受试者更有可能在一系列任务和游戏中作弊。例如，凯尔特纳汇报，较富裕的受试者更有可能声称自己赢了计算机游戏——即便游戏经过操纵无法获胜。富裕的受试者更有可能在谈判中说谎，并为工作中的不道德行为辩解，如为了赚更多钱而向客户说谎。凯尔特纳和皮夫在实验室入口处放了一罐糖果，罐子上的标语写着"剩余的糖果将捐给附近学校的孩子"，他们发现较富裕的人拿走了更多糖果。

纽约州精神病学研究所的研究人员调查了 4.3 万人，发现富人较穷人更有可能从商店顺手牵羊。这样的发现（包括观测到的交叉路口驾驶者的行为）可能反映出富人对潜在法律影响担忧更少的事实。如果你知道自己可以负担保释金和好的律师，那么时不时地闯红灯或偷一块士力架似乎没有那么大的风险。但自私的影响比这些考量更为深远。一个名为"独立部门"（Independent Sector）的非营利组织发现，平均而言，年收入低于 25 000 美元的人通常捐赠其收入的 4% 以上，而年收入超过 15 万美元的人仅捐赠其收入的 2.7%（尽管富人可以从慈善捐赠中获得税收优惠，而收入更低者无法获得）。

我们有理由认为，对他人的痛苦视而不见是对极端贫富差距所造成不适的心理适应。迈克尔·W. 克劳斯及其同事发现，社会经济地位更高者实际上不太能够读懂别人脸上的情绪。他们并非不在乎交谈者的表情，只是看不到暗示。加州大学洛杉矶分校的神经科学家基利·穆斯卡特尔发现，在观看患癌儿童的照片时，富人的大脑活动远远少于穷人。

《穿西装的蛇》和《心理变态测试》之类的书籍论证的心理变态者的许多特征在商界得到赞扬，如无情、缺少社会良知、一心一意追求成功等。尽管心理变态者可能适合某些最赚钱的职业，然而我在这里争论的却是别的方面。我并不是说无情的人更有可能变得富有。我的意思是，富有往往会腐蚀人的心灵。也就是说，参加穆斯卡特尔研究的富裕受试者，其内心很可能由于富有的经历而不为患癌儿童的照片所动，正如我学会忽略拉贾斯坦邦挨饿的孩子一样，以继续度过安逸的假期。

迈克尔·刘易斯在一篇名为《极端财富对每个人都有害——特别是对富人》的文章中说："现在看来，问题并不是在不平等中占据优势的人具有道德缺陷，从而使他们获得了市场优势。问题是由不平等本身引起的，它在少数特权群体中引发化学反应，让其大脑倾斜，让其不太可能关心自己以外的任何人，也不太可能理解成为正派公民所需的道德观念。"[9]

加拿大安大略省威尔弗里德·劳里埃大学的神经科学家苏克文德·奥比希望了解权力是如何影响大脑功能的。他与同事杰里米·霍格韦恩和迈克尔·因兹利希特一起，通过让受试者写下依靠他人获得帮助或完全掌控与他人有关的局势的时间，随机分配受试者体验有权力或无能为力的感觉。[10]之后，受试者观看极为无聊的手捏橡皮球的视频，而科学家则监测受试者大脑中的镜像神经元活动。镜像神经元是人类共情的关键。无论是在山上滑雪还是看别人在山上滑雪，它们都会激发情感。镜像神经元系统是大脑的一部分，让我们能够进入彼此的脑海。奥比和同事的发现有助于解释为什么穷人比富人捐赠更多：无能为力感强化镜像神经元系统，而权力感抑制镜像神经元系统。达谢·凯尔特纳（那个研究驾驶豪华汽车的浑蛋从等着过马路的老太太身边呼啸而过的人）赞同道："权力削弱了各种同理心。"归根结底，同理心的减弱是自我毁灭性的，它导致社会孤立，与健康风险的急剧增加密切相关，包括中风、心脏病、抑郁症和痴呆症。[11]

在我最喜欢的一项研究中，凯尔特纳和皮夫决定对《大富翁》游戏^①进行调整。心理学家操纵游戏，让一位玩家从一开始就拥有巨大优势。他们在100多对受试者身上进行这项研究，这些受试者都被带入实验室，在实验室中掷硬币以确定在游戏中谁"富有"、谁"贫穷"。随机选择出来的"富有"玩家一开始就有两倍的钱，收两倍的款项，可以掷两个骰子而非一个。玩家都清楚这些优势，也都知道情况是不公平的。尽管如此，"获胜"玩家仍表现出"富有浑蛋综合征"的典型症状。他们更有可能表现出支配行为，如用卡牌敲击游戏板，大声庆祝自己的超凡技能，甚至吃更多摆在桌上提供给受试者的椒盐脆饼。

15分钟后，实验人员请受试者讨论玩游戏的体验。富有玩家谈论获胜的原因时，专注于自己的出色策略，而非整个游戏经过操纵让其几乎不可能输的事实。皮夫说："我们在数十项研究和成千上万的参与者中发现，随着个人财富水平的提高，其同情心和同理心会减少，而权利意识、正当性和自私自利的想法随之增强。"[12]

当然，这些趋势也有例外。一些富人很有智慧，可以在不屈服于"富有浑蛋综合征"的情况下驾驭自身好运带来的逆流，但这种人很少，往往出身卑微。也许，理解财富的破坏性影响解释了为什么那些已经拥有大笔财富的人发誓不将财产传

---

① 《大富翁》游戏最初称为"房东的博弈"，是作为一种教学工具而发明的，用于证明集中所有权的弊端和财富在已然富有的人手中积累的趋势。

承给自己的孩子。包括查克·费尼、比尔·盖茨和沃伦·巴菲特在内的几位亿万富翁已承诺，在死前会将全部或大部分财产捐赠出去。巴菲特曾有句名言，他打算给自己的孩子们留下"足够做任何事，但不够无所事事的钱"。百万富翁图腾柱上位置较低的那些人也表达了同样的想法。据美国消费者新闻与商业频道的报道，最大的定制珍藏橡皮鸭的制造商CelebriDucks的所有者克雷格·沃尔夫打算将赚到的数百万美元捐赠给慈善机构，这真是了不起——但远不及出售珍藏橡皮鸭赚取了数百万美元的事实那样令人惊奇。

你认识患有"富有浑蛋综合征"的人吗？这里或许有对他们有帮助的内容。加州大学伯克利分校的研究员罗布·维勒和他的团队进行了研究，给参与者现金，并指示他们玩有益于"公共利益"的各种复杂游戏。最为慷慨大方的参与者得到了同伴更多的尊重与合作，具有更大的社会影响力。"研究结果表明，任何出于狭隘的个人利益行事的人都会被回避、不受尊重甚至被憎恶。"维勒指出，"但那些慷慨的人能得到同伴的高度评价，从而提升了地位。"

凯尔特纳和皮夫的所见也是如此。"我们在实验室研究中发现，些许的心理干预、对价值观的些许改变，以及在某些方向上的些许劝说，可以恢复平等主义和同理心的水平。"皮夫说，"例如，提醒人们合作的好处或集体的好处，会使较为富有的人与穷人一样主张平等。"在一项研究中，他们向受试者展示关于儿童贫困的短片（仅46秒）。随后，他们调查受试者是否愿意帮助在实验室出现的一个似乎处于困境的陌生人。观看短片一个小时后，富人和穷人一样愿意伸出援手。皮夫认为，这些结果表明"差异不是天生的或绝对的，而是可以通过价值观的些许变化和同情心、同理心的劝说进行塑造的"。

皮夫的结论与我们数千代觅食祖先吸取的教训相符，他们的生存依靠拓展互助的社会网络。他们理解自私只会导致死亡，首先是社会性死亡，然后是生理性死亡。当新霍布斯主义者努力解释人类利他主义如何存在时，其他科学家则质疑其前提，询问自私是否具有任何功能性用途。罗布·维勒说："鉴于通过慷慨获得的收益，社会科学家对人们慷慨大方的原因越来越不以为奇，而对人们自私的原因越来越好奇。"[13]

几十年来，"贪婪是好的"这一信息试图消除极端不平等的财富分化受益者的羞耻感。不过，羞耻感仍然存在，因为这一信息与人类最深处的先天价值观相抵触。试图为根本上反人类的经济体系辩护的机构不断重复这样的信息：赢得金钱游戏会带来满足感和幸福感。但 30 万年的祖传经验告诉我们，事实并非如此。自私对于文明或许必不可少，但这提出了一个问题：一个与我们的进化倾向格格不入的文明，对于其中的人类是否有意义？

第四部分　通往未来的史前道路

我们冒昧地称自己为现代智人：知道自己所知的人。但其他生物不知的人类所知究竟是什么？我们知道自己会受苦，会死亡。这些所知会使我们分心。为了迈向一个让人类起源值得的未来，我们不得不面对自第一次踏上文明的纺车以来一直存在的恐惧。

第 10 章

善终为善

也许人类苦难的所有根源，在于我们愿意牺牲生命的美好，将自己囚禁在图腾、禁忌、十字架、血祭、尖塔、清真寺、种族、军队、旗帜、国家的囚笼中，以否认我们唯一的宿命——死亡。

——詹姆斯·鲍德温

一切都向前、向外发展，无所谓溃灭；死亡不像人们所想象的那样不幸。

——沃尔特·惠特曼

在《文明与缺憾》一书中，弗洛伊德将文明的长期心理病因归结为对本能冲动（主要是性欲）的抑制。在蒸汽机时代，弗洛伊德从原始冲动的角度看待文明，原始冲动被抑制、施压并改变方向，远离其即刻的自然释放，以获得更丰硕的成果，这并不奇怪。对于弗洛伊德来说，文明是否定享乐的结果，或者至少说是延迟、偏离享乐的结果。

毫无疑问，这种情况屡见不鲜，但就我而言，金字塔、大教堂、五角大楼、华尔街等也是文明歇斯底里的另一种表现。这种歇斯底里因拒绝接受定义我们为人类的见解而产生。厄内斯特·贝克尔在《拒斥死亡》一书中写道："死亡的想法及对死亡的恐惧前所未有地困扰着人类。它是人类活动的主要动力——我们的活动很大程度上是为了避免死亡，以及通过以某种方式否认死亡是人类的最终宿命来克服死亡。"[1] 但正如夜晚一定来临，死亡也是不可避免的。我们只是将其分解为无数碎片般的阴影，让生活变得暗淡。在避免死亡黑暗的恐慌中，我们牺牲了生命之光。

谢尔登·所罗门、杰夫·格林伯格和托马斯·佩什钦斯基在实验中探索了贝克尔的观点的心理学基础，他们花了数十年时间研究我们潜意识中通过将个人身份与图腾、禁忌、宗教和军队联系起来以否认死亡的方式。他们认为，文化通过提供意义和指引，为存在恐惧提供了避难所。如果遵守规则，我们甚至可能以来世或轮回的形式获得永生的希望，抑或象征性的不朽，如纪念碑、艺术品或以我们名字命名的街道。

数十项实验表明了，当被微妙地提醒自己会死亡时我们的行为会发生怎样的变化。在第一项研究中，所罗门和同事要求一组市政法官想一些不愉快的事，而另一组则被间接提醒他们终有一天会死去。随后，两组法官都被要求为多种指控的罪行定罪。曾被提醒自己终将死亡的法官将保证金提高至 9 倍。所罗门及其同事多次证明，死亡的提醒使人们对自身信仰体系之外的人更为批判，而与自身信仰体系内的人更加紧密地联系在一起。[2]

有时，我们向往永生的可悲姿态甚至延伸到坟墓中。凯特琳·道蒂是著名的殡葬业者，著有《烟雾弥漫你的眼》一书，她向我讲述了美国人对高科技棺材的怪异痴迷所带来的滑稽而又意想不到的后果。[3] 由于尸体腐烂会产生气体，所以棺材内部的压力会增加，这些密封的、不锈钢的高科技棺材有时会突然间发生爆炸。将尸体充满甲醛并密封于防虫蛀的棺材中，我们是想达到什么目的？价值 10 000 美元的棺材是阻挡死亡的最后一道象征性屏障吗？或者这是为了保护活人免受我们密封其中并埋在地下的东西的侵害，就像担心放射性废物一样吗？

为何要畏惧死亡？正是濒死让我在夜间保持清醒。死亡和濒死这两个概念其实很好区分，但它们相互渗透的趋势日益明显。游戏结束，就是结束，灯光熄灭，一切的一切都将不再。惧怕死亡实际上是无所畏惧。然而，文明放大了我们对死亡的恐惧，我们对死亡的恐惧又加剧了文明的发展，事实上，我们真正应该关心的是濒死。

我们处境的悲剧性讽刺意义在于，就减轻死亡的痛苦而言，我们的医学进步、无菌手术技术、制药奇迹和完善的医疗程序糟糕透顶。正如苏珊·雅各比在《永不言败：新旧时代的神话与营销》中所解释的，尽管死亡的本质一直未变，但离世却日益艰难,"人们将体面的死亡界定为不用忍受长时间的痛苦,如果不是这样,那么21世纪活到高龄的美国人可能比14世纪最贫穷的农民受到怜悯的机会还要少"。发表于2015年《内科医学年鉴》的一项研究对7 204名患者进行了监测,证实了苏珊·雅各比的感觉,即美国的情况正在恶化。尽管我们竭尽全力改善临终关怀,但1998—2010年,关于生命最后阶段疼痛的报告实际上有所增长。研究人员发现,疼痛的发生率增加了11.9%,关于抑郁症和周期性精神错乱的报道增加了26%以上。该研究的作者之一乔安妮·林恩怀疑,医学进步是造成患者痛苦增加的部分原因。"也许我们向人们提供了更多的医疗物品,延长了些许寿命,却也给他们造成了更大负担,"她说道,"你仍然需要找到离开这个世界的方法,最好尽可能舒适、有意义、有尊严且不昂贵。"[4]

舒适、有意义、有尊严且不昂贵?面对临终问题,许多人在实际的经济考量下退缩了。面对现实问题时,这种可预见的忽视成本的慷慨人道冲动是基于花费越多越有益于患者的假设,而费用与结果之间的关系往往并非如此。尽管美国在医疗保健上的支出高于世界上其他国家——2013年人均支出超过9 000美元,但在各种健康指标上,在发达国家中排倒数第一。与其说是延长寿命,不如说我们正在延长死亡过程。内科医生克雷格·鲍伦在《华盛顿邮报》上写道:"尽管技术先进、代价高昂,但现代医学可能更多是在让临终复杂化,而非延长或改善生命。由于对我们延长生命的能力抱有不切实际的期望,视死亡为陌生、非自然的事件，并且缺乏对疲惫不堪的老年患者所遭受痛苦的现实感受，患者和家属很容易坚持进行更多检查，要求开具更多药物和进行更多手术。"当然，这么做的不仅仅是出于好意但不了解情况的家属。医生和医疗机构也可能受不正当经济奖励的诱惑，被激励进行昂贵而令人痛苦的手术，即使手术对患者无益。大约30%的联邦医疗保险支出花在每年去世的5%的受益人身上，其中1/3的钱花在了病人生命的最后一个月。帮助一个垂死的人安然离世需要多少钱？鲍伦总结道："在人生的某个阶段，积极的医疗治疗可能成为一种得到许可的折磨。"

外科医生阿图尔·加万德著有几本有关医疗经历的书，他在《身为凡人：医学和最终的意义》一书中得出了类似结论。加万德写道："我们这些医学界人士在人们生命的尽头造成深深的创伤，随后对所造成的伤害视而不见。"他认为，这种无意中的残忍在很大程度上是我们不愿直面死亡的结果，"我们在对待病人和老人时最残酷的失败在于，未能意识到他们除了安全和长寿之外的其他重点关切"。

加万德并非唯一挣扎于医学界如何对待垂死者争议的人。事实证明，医生——这个带领我们发起对死亡无尽且无望的攻击的战场指挥官——面对自己生命最后的日子时，其态度与给他人的建议不同。通过图10-1，我们可以了解医生在被问及是否需要各种常见的临终干预措施时的反应。

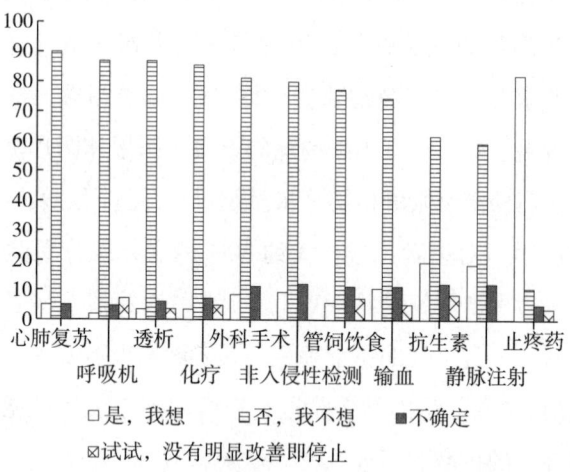

图 10-1　医生在被问及是否需要各种常见的临终干预措施时的反应

图例：□ 是，我想　　□ 否，我不想　　■ 不确定
　　　⊠ 试试，没有明显改善即停止

柱状图横轴项目：心肺复苏、呼吸机、透析、化疗、外科手术、非入侵性检测、管饲饮食、输血、抗生素、静脉注射、止疼药

医生不愿接受一些普通手术，因为他们了解炒作背后的真实情况。以心肺复苏为例。最近一项研究调查了电视上呈现的心肺复苏，该研究发现，电视上说 75% 的情况下心肺复苏获得成功，67% 的患者康复回家。但实际上，大多数研究显示，接受心肺复苏的患者中，只有 8% 术后存活了一个多月，并且其中只有 3% 恢复了正常生活。南加州大学家庭医学的临床助理教授肯·默里博士讲述了自己进行心肺复苏的经历："许多人认为心肺复苏是一个可靠的救星，但事实上，其效果通常很差。接受心肺复苏后，已经有数百人被送入我的急诊室。确切地说，只有一位无心脏病的患者走出了医院……如果病人高龄或患有严重疾病、绝症，心肺复苏取得良好效果的概率很小，而痛苦的概率却很高。"

即使我们接受纯粹的定量方法，认为长寿无疑更好，但永不放弃的临终干预是错误的。许多研究表明，接受临终关怀（专注于疼痛处理而非治愈）的患者至少与待在医院的患者活得一样久。一项在2010年发表于《新英格兰医学杂志》的研究表明，除了常规的肿瘤治疗外，接受姑息治疗的晚期肺癌患者更早停止了化疗，更早开始接受临终关怀，最后的生活质量明显改善。即使早期姑息治疗组中接受积极的临终关怀的患者较少，其生存时间也延长了25%。用研究人员的话说，"早期的姑息治疗使患者的生活质量和情绪都得到了显著改善。与接受标准治疗的患者相比，接受早期姑息治疗的患者生命后期的积极治疗较少，但生存时间更长"。

尽管有研究表明，以更具同情心的现实方法进行临终关怀既可以减少痛苦，也能使成本降低很多，但美国的医疗和政治机构在很大程度上仍然忽略了垂死者的实际需求。联邦医疗保险愿意支付昂贵的手术费用，让一个90岁高龄的病人在痛苦中多活几个月，却拒绝支付更便宜的家庭护理费用，这种护理可以让同一个人远离医疗机构。医疗系统前主管、如今在纽约当医生的杰克·雷斯尼克表示："医疗系统反对（让病人在家中去世）的力量强大到让你难以置信。这些决定并非基于个人需求，而是基于机构的需求做出的。"

调查记者凯蒂·巴特勒在父亲79岁中风时，突然发现自己陷入了美国医疗体系的不完善风暴中。最终她出版了一本相关的书，叫作《敲开天堂之门：通往更好的死亡方式之路》。

凯蒂·巴特勒发现，联邦医疗保险不会为医生提供合理建议的时间付费，却会为昂贵的药物和设备付费，"公司的医疗游说机构帮助确定医生的薪酬。我们为医生的应用技术付很高的报酬，却为其与患者相处的时间付很低的报酬。这决定了他们的行为"。

有人会认为，一个长期预算赤字且大量人口即将步入晚年的国家，会热情地鼓励人们谈论以提高生活质量和降低成本的方式重新分配医疗支出。但至少迄今为止，这种情况还未发生。在这种情况下，我们确实可以少花钱多办事。近期《内科医学档案》上的一项研究发现，在生命最后几周花的钱越少，病人的情况就越好。但节省这些金钱要求医生与患者进行诚实的临终对话，在对话中坦率谈论这种情况，而非推销一些昂贵、会带来痛苦且很可能无用的"神奇"药物或手术。用该研究鲜明的结论来说："与医生进行临终对话的晚期癌症患者，在生命最后几周的医疗保健费用大大降低。较高的医疗费用却让患者死亡时更痛苦。"

尽管承认这一点很难，但有时愤怒地反对生命之光的消亡毫无意义。有时候，带着优雅和尊严放弃生命是正确的选择。无党派生物伦理研究中心——哈斯丁研究中心的研究者兼荣誉主席丹尼尔·卡拉汉表示："我们的文化已经接受了医学应该拯救生命的观念。但无论我们获得了多少医疗救治都是不够的，因为人终将死去。你可以救他们一次，但死亡终会以种种方式降临到他们身上。面对死亡，我们毫无胜算可言。"

觅食者时代，死亡威胁无处不在，他们理解死亡不可避免。贾雷德·戴蒙德在《昨日之前的世界》一书中，描述了年迈或身患绝症的觅食者过渡至死亡的五种常见方式。在一些社会，他们只是被忽略直至死亡。在另一些社会，群体在搬迁营地时会抛弃垂死之人。包括因纽特人、克劳人和雅库特人在内的一些群体鼓励垂死的人漂流出海或跳崖，以结束生命。一种更为激进的方式是，通过窒息或击打后脑来协助"自愿"自杀。最后，有时当一个人跟不上群体或不能再为群体福利做贡献时，在受害者不知情或不同意的情况下，也会采取同样的做法。

尽管这些加速死亡的原始方式无疑令许多人感到野蛮，但这真的比我们的"文明"死法更为糟糕吗？数百万老年人被送往相当于孤儿院的养老院，在那里被忽视，直至死亡。在美国和其他多数西方国家，即使身患绝症的人想要带着尊严和清醒意图离开人世，也面临强烈抵抗。美国只有少数几个州允许医生协助安乐死，并且法规十分烦琐。如果我们不能决定自己的生命，那么我们能决定什么呢？

自1986年吉尔伯特诉佛罗里达州一案以来，美国法律对同情性杀害的处理方式没有多大改变。罗斯韦尔·吉尔伯特必须做出如何以最好的方式帮助妻子埃米莉的艰难决定。多年来，由于严重的关节炎和骨质疏松症，以及晚期阿尔茨海默病的持续疼痛，埃米莉痛苦不堪，三家疗养院和当地医院拒绝接收埃米莉——这些地方都无法应对这位饱受折磨的妄想症妇女。埃米莉已经停止进食,由于骨质疏松而遭受多发性骨折的持续疼痛,并且毫无康复希望。她的遗言是:"罗斯韦尔,我深爱着你。天哪,我想死去。" 51岁的丈夫朝其头部开了两枪。吉尔伯特后来说,自己感到悲伤,但并不后悔。"想到妻子死了,我站在那儿哭了。但她不再受苦,我松了一口气。"如果埃米莉是家庭宠物,我们会敬佩吉尔伯特的勇气和仁慈,但这种仁慈显然无法展现给我们所爱之人,只能展现给我们的猫和狗。罗斯韦尔·吉尔伯特在75岁时被判一级谋杀罪,判处25年徒刑。[5]

我并不是要淡化吉尔伯特和埃米莉所面临的复杂情况。相较绝望地射击头部,有更好的方式来处理这种可怕的痛苦,但在医疗系统的压迫下,吉尔伯特和埃米莉走上了绝路。我们的医疗系统坚持认为死亡是一种失败,而非生命中的必然因素。我们经常听到诸如"他在与癌症的长期斗争中失败了"和"她将与之抗争"之类的话。但是我们很少听到,"他明智地决定放弃几个月的化疗,与家人共度几周没有痛苦的时光"或"她勇敢地选择安然结束生命,而不是让家人负担更多难以承受的医疗费用,仅仅为了痛苦地多活几个月"。尽管有关胎儿是否具有合法权利的争论日益激烈,但同样紧迫的问题(并非经常被问到)是,一个阿尔茨海默病如此严重,以至于无法认出自己的朋友和家人、无法独立进食,甚至不记得自己名字的90多岁的人是否仍然算活着。如果不算,那么她是否适合接受延长寿命的手术,或许给仍有数十年可活的患者进行手术会更好呢?

伊齐基尔·伊曼纽尔是美国最杰出的医生之一,他在2014年的《大西洋月刊》上发表了一篇重磅文章,名为《为什么我希望在75岁时死去》。[6] 文章的副标题总结了伊曼纽尔的立场:"如果顺其自然的话,社会和家庭——以及你个人——都会更好。"身为肿瘤学家和生物伦理学家,伊曼纽尔承认死亡是一种损失。但同时他也写道:"寿命过长也是一种损失。它使我们许多人,即使并非残疾,也步履蹒跚、衰弱不堪,这种状态或许没有死亡那么糟,但仍剥夺了我们的正常生活,剥夺了我们的创造力,剥夺了我们为工作、社会、世界做出贡献的能力。它也改变了人们对我们的感受、与我们的关系,以及最重要的是,改变了人们纪念我们的方式。"

一些活着的方式确实比死亡更糟。最近一篇题为《严重疾病的住院患者比死亡更糟糕的状态》的论文得出结论,"对健康门诊患者和严重疾病患者的研究表明,少数人(有时是多数人)认为严重痴呆等状态比死亡更为糟糕"。此外,我们还要考虑这些状态如何影响那些被医疗系统所困者的家人,因为我们的医疗系统不惜一切代价盲目反对死亡。

伊曼纽尔(在撰写那篇文章时57岁)并不打算在其75岁生日时自杀,并且反对将医生协助的自杀合法化。他并非拒绝活到75岁以上,而是反对他所谓的"美式不朽"。他认为我们"不顾一切地无尽延长生命"是"误入歧途,并且具有潜在破坏性"。在生命尽头增加的时光通常并不健康也并不活跃。伊曼纽尔写道,过去几十年里,"寿命的延长似乎伴随着残疾的增加——而非减少"。他指出，研究表明，1998年，约有28%的80岁以上美国男性有机能障碍，但到2007年，这一比例已经增至42%。对女性而言，情况甚至更糟，超过一半的80岁以上女性独立生活的机能面临重大限制。开展这项研究的艾琳·克里明斯总结道，总体寿命的显著增长实际上是机能寿命方面的净损失，"患有疾病的预期寿命增加，而无疾病的寿命减少。机能损失也是如此，丧失机能的预计年限增加了"[7]。我们似乎并没有延长多少寿命，只是让自己的痛苦变为慢动作而已。

第 11 章

神圣的缺位[1]

文明是极大促进还是严重伤害了人类的普遍幸福,这个问题可能会引起激烈争论。最为富裕和最为悲惨的人类都可以在文明国家中寻觅到。

——托马斯·潘恩,《土地正义论》(1795 年)

《别担心,要开心》可能是有史以来最烦人的一首歌,相当于有人告诉你要保持微笑。我怀疑神经学家、精神病学家和大屠杀幸存者维克多·弗兰克尔会比我更因鲍比·麦克菲林[①]空虚的乐观情绪而烦恼。弗兰克尔认为,意义感而非幸福感才是有价值的生活的基本要素。在弗兰克尔看来,幸福的降临是一种偶然的收获,我们不应寻求这种偶然的礼物,无论怎么紧握,它也会很快从我们指间溜走。他认为,追求幸福最终会使

---

① 鲍比·麦克菲林是《别担心,要开心》这首歌的演唱者。——译者注

我们对未能抓住幸福而感到不满,从而让一开始的问题变得更加复杂。

觅食者的经验难以支持作为弗兰克尔存在主义(以及佛教教义和基督教教条)基础的霍布斯式先验假设,即认为人类的基本状态是悲惨的。这一假设是许多流行哲学猜想的基础。2006年,约翰·兰彻斯特在《纽约客》上发表了《追求幸福》一文,此文开篇是毫无根据但广为人知的断言,即我们的觅食祖先会以难以置信的嫉妒心看待今天我们轻松漫长、毫无风险的生活。兰彻斯特认为,我们的祖先"会认为我们很幸运,以至于不会询问有关我们心态的问题"。

果真如此吗?我怀疑他们会对我们的心态抱有很多疑问,首先是:"为什么这么多人如此孤独?为什么战争持续不断?为什么许多人生活如此痛苦,常常在毒品中走向毁灭?为什么有必要将数百万人关进监狱?"现代事物如此伟大,以至于史前文明的人类会因为我们的幸运而傻眼,这种想法被诸如2012年发表在《情感障碍期刊》的研究所削弱。发表该研究的作者警告称:"现代社会的经济和市场力量设计了一个环境……以牺牲长远幸福为代价将消费最大化。事实上,人类已经把有着悠久原始人类历史的身体拖进了一个过度进食、营养不良、久坐不动、缺乏阳光、睡眠不足、竞争激烈、不平等且与社会隔离的环境中,造成了可怕的后果。"这绝不是新霍布斯主义者所认为的那个我们生活的现代天堂。

回想一下,在丹尼尔·埃弗里特看来,皮拉罕人"无处不在的幸福"归因于他们"有能力处理周围环境带来的任何东西，因此他们可以享受遇到的一切"。同样，回顾自己多年观察耶夸纳部落如何抚养孩子的过程时，琼·利德洛夫指出，耶夸纳部落生活中基本的满足感无处不在，但对我们来说，这种满足感只是短暂的经历，幸福不再是正常的生存条件，而成为一个目标。回到美国后，她因我们无法理解生活中缺少的东西而感到震惊："曾经人们对适宜的待遇和环境充满自信的期望已破灭，以至于只要并非无家可归或痛苦不堪，人们就会认为自己幸运。即便他说'我没事'，但内心还是有些失落，渴望某些难以名状的事物，觉得自己被边缘化了，错失了某些东西。"

因为人这种动物不再生活在人类世界中，原先的状态已被打破。我们生活在一个由商业繁荣的机构创造并为其服务的世界中，而非依靠社区、欢笑和休闲而繁荣的人类所创造的世界。用利德洛夫的话说："人类的期望和倾向在与形成这些期望和倾向相符的环境中不再发挥作用。"

无论被告知多少次我们生活在应许之地，甚至我们有多坚信其真实性，都不重要。人类对所期望的营养与所遇到的甜言蜜语般的废话之间的脱节而感到恶心。即使广告轰炸令你相信饮料有营养，但你的身体会给出更清楚的答案，并且很可能以龋齿、糖尿病和心脏病为回应。即使那些认为自己满足的人也可能并非真正满足。奥尔德斯·赫胥黎写道："他们对那个异常社会的完美适应是精神疾病的衡量指标。"他指的是，"数

百万异常的普通人，不慌不忙地在社会中生活，如果他们完全是人，他们不应该针对该社会进行调整"。²

无论用幸福、有意义、有趣还是仅仅没有绝望来衡量生活的价值，现代生活的微妙创伤都不可避免。2013年的盖洛普民意测验显示，70%的美国人讨厌自己的工作，或只是为了薪水而工作，而只有30%的人对每周40多个小时的工作充满热情并投入其中。正如很久以前梭罗指出的那样："如果有人提议雇人把石头扔过墙，之后再扔回去，仅仅为了赚钱，大多数人都会感觉受到了侮辱。而现在很多人被雇用的价值莫过于此。"

这不足为奇，1990年以来，美国抗抑郁药物的使用量增长了近400%。2008年，23%的40~59岁的女性至少服用一种抗抑郁药物。1985年，社会学家问美国人是否有信赖的密友，10%的人表示自己没有，到2004年，这一比例增至25%。2013年，美国疾病控制与预防中心报道，21世纪的前10年，美国人壮年时期（35~64岁）的自杀率跃升了28.4%，首次超过死于车祸的人数。在50多岁的男性中，自杀率上升了50%，而在60~64岁的女性中，自杀率上升了近60%。

鉴于这些可怕的趋势，我们应该为生活在可以服用现代精神药物的国家而感到幸运吗？或许并非如此。正如人类学家T. M. 吕尔曼所解释的那样，精神疾病仅仅是脑部异常的结果，此观点忽略了人类与社会环境相互作用的微妙之处："社会体验在谁患精神病、何时生病以及疾病如何发作等方面起着重要作用。我们应该认为疾病不仅是由大脑缺陷引起的，而且是由虐待、贫穷和不平等引起的，它们改变了大脑的行为方式。"[3] 许多研究已经证实，在城市环境中长大的孩子比在城市外长大的孩子更易受到抑郁症的折磨，其患精神病的可能性约为后者的两倍。在试图确定城市生活的哪些方面会导致儿童罹患精神疾病的风险增加时，研究人员得出结论，生活在"低社会凝聚力"的社区时，即邻居之间互动不多，邻居互帮互助的可能性很低，或其家人成为犯罪的受害者时，儿童更可能表现出精神病症状。其他研究指出，经济不平等、缺乏与自然的接触，以及与父母的早期分离等因素，与精神健康风险高度相关。换句话说，家庭距离觅食者所享有的相互支持和社会凝聚越远，其孩子患上严重精神疾病的可能性就越大。

但并非所有形式的精神疾病都可以归咎于孤独、长期焦虑、与自然接触太少等。例如，精神分裂症被认为与遗传高度相关，在世界范围内的发生率大致相同，与文化无关。然而，即使该疾病的起源不是文化因素，其康复可能性仍和文化有关。20世纪70年代，世界卫生组织进行了一项大规模研究，比较了发展中国家和美国及其他"先进"国家中被诊断为精神分裂症的人的结果。在对患者进行了5年的跟踪调查之后，世界卫生组织报告，贫困国家中有64%的患者有良好结果，而富裕国家中只有不到1/3（18%）的患者取得了同样的结果。世界卫生组织得出的结论是，生活在发达国家是患者永远无法完全康复的"强有力的预测指标"。可想而知，这些结果在医学界引起了骚动，世界卫生组织在20世纪80年代进行了一项规模更大的研究，试图解决第一项研究中研究方法（如何确定患者、如何选择发展中国家、使用哪些药物等）的不当之处。这项后续研究的作者得出了类似结论：在较贫困国家，63%的患者可以痊愈，而"先进"国家中该比例则为37%。面对医学界更强烈的愤怒，他们写道："有力的证据证明，有一种强大的因素产生了真正普遍的影响，可以将其称为'文化'，在这种情况下，基因与环境的相互作用塑造了人类疾病的临床状况。"在回应对世界卫生组织研究的评论时，阿森·贾布伦斯基和诺曼·萨托里乌斯指出："（发展中国家）社会支持系统被侵蚀，可能与全球化进程相关，应该引起人们的高度关切。在高收入国家，尽管可以得到昂贵的生物医学治疗，但与精神分裂症相关的慢性残疾率和依赖率仍然居高不下的现象表明，社会结构中缺少对康复至关重要的事物。"很明显，我们所缺少的是意义和彼此。

上帝的多种声音

> 疯狂是我们接受伟大祝福的方式，它来自上天的恩赐。
> ——苏格拉底

从统计学上讲，听到自己脑海中的声音比成为素食主义者或左撇子的概率更高。如果你确实听到了自己脑海中的声音，那么在接受精神治疗之前，你可能需要联系幻听网络的地方分会。幻听网络是一个由幻听者组成的国际社区，由荷兰社会精神病医生马里乌斯·罗默于1988年创立。他预感幻听者比一般人想象的要多得多——并且对多数幻听者而言，幻听并非困扰。当然，有部分例外。

对这些人而言，幻听具有侵入性且令人深感不安，罗默注意到，这些人在孩童时期遭受了某种形式的严重情感创伤或虐待。罗默的看法得到了大量流行病学研究的证实，如负面童年经历研究。该研究调查儿童所面临的8种困难经历，包括各种形式的身体虐待、性虐待、情感虐待和拥有患精神疾病的父母。如果一个人在童年时期经历过其中一种虐待，那么这个人在之后的生活中出现幻听的可能性将提高2.5倍。那些不幸经历过7种或所有不同类型创伤的孩子，出现令人不安的幻听的可能性是未经历过这些情况的孩子的5倍。

并非所有的幻听都在说同样的内容。吕尔曼在比较加纳、美国和印度的幻听者的报告时发现，大多数美国人会对敦促伤害自己或他人的陌生声音感到"震惊"，印度人和加纳人则普遍认为这些声音是家庭成员或神圣人物的声音，经常提出有益建议，比如"你该梳头了"或"是时候打扫房子了"。

吕尔曼和同事采访了60个被诊断为精神分裂症的成年人，加利福尼亚州圣马特奥、印度金奈、加纳阿克拉各20人。尽管许多非洲和印度受试者认为其与声音的大部分互动是积极的，甚至是"有趣的"，但没有一个美国人对幻听有积极的体验。相反，他们更倾向于将其经历视为病情无望好转的证据。吕尔曼认为，其研究表明，在西方社会常见的刺耳、暴力的幻听并非精神分裂症的必然特征。如果文化期望影响了幻听的质量和内容，"人们思考方式改变了其对与睡眠和意识相关的不寻常体验的关注方式，那么人们会有不同的精神体验以及不同的精神病模式"。她指出，这种见解表明，是时候重新评估目前将精神病患者幻听到的声音视为"应该忽略的无趣的神经系统疾病副产物"的精神病学倾向了。

对我们的觅食祖先来说，这些声音根本不是"无趣的神经系统疾病副产物"。听到这些声音的人相信自己正在经历一种神圣的疯狂，这种疯狂具有挽救生命的潜在重要性和力量。一个产生过我们认为与严重精神疾病相关的幻听的年轻人，将被视为潜在的萨满，即具有在这个世界和其他世界之间移动的能力的人。这种能力的早期表现恐怖而又危险，但代表了"萨满的召唤"。[4] 这种召唤不可忽视，因为不愿学习利用和驾驭这种能力的结局，就是疯狂或死亡。

心理学家斯坦利·克里普纳毕生致力于研究如何在不同的文化背景下将意识改变状态用于治疗。他指出，研究人员已经证明，"在 488 个社会中……89% 的人有一种或多种意识改变状态，通常在仪式或宗教背景下。有些是自愿的，如一个萨满'行'至'上层世界'，而另一些则可能是部分自愿的或完全非自愿的，如一个无形实体融入媒介'驾驭'其身体，从而取代媒介的人格。"克里普纳总结道，文化对意识改变状态的适应程度会影响其发生频率:"据报道,自发性的童年前世经历在相信转世的文化群体中最为常见,尽管在缺乏认可的西方国家也有这样的案例,但其发生率可能较小,因为实际发生的频率较低,或者说由于污名化和怀疑,经历者分享的可能性更小。"克里普纳将此看法纳入逻辑结论,他认为,由于容易进入意识改变状态的能力具有重要的适应性价值——因为它可以增强安慰作用和其他由意识状态激活的康复作用——史前人类选择这种能力是合乎情理的。在忽视这种状态及其治疗潜力的当代社会中,这种选择性压力会减少,随之而来的是这种能力对人的作用的减弱。

如果想了解萨满教对大多数现代精神病医生所诊断的严重精神疾病有何不同看法,看看诗人约翰·奈哈特讲述的拉科塔族萨满布莱克·埃尔克的人生经历也许会有所帮助,其对话记录集《布莱克·埃尔克如是说》于1932年出版。这本书已成为美洲印第安人文学的经典之作。

布莱克·埃尔克的生活令人震惊。在见到白人之前,他差不多还是个青少年,但几年后,白人蹂躏了他的文化。与此同时,布莱克·埃尔克还承受着难以想象的心理压力。他目睹了自己的文化被彻底毁灭以及其族人领袖被谋杀,随后他希望能够发现"白人的某种秘密,以某种方式帮助自己的族人",于是加入了水牛比尔的《西部狂野秀》表演,并游历芝加哥、纽约、伦敦和巴黎。

5岁那年,在布莱克·埃尔克人生中的精彩高潮到来之前，他开始幻听："我当时正在外面玩耍，突然听到了声音。就像有人在召唤我，我以为是我妈妈，可是那里并没有人。这种情况发生了不止一次，总让我感到害怕，于是我跑回了家。"心理治疗师兼世界神话权威斯蒂芬·拉森将文化分为拉科塔族之类的"神话型"文化与我们的"非神话型"文化。在前者中，"神话意义和社会意义……融于一体而非分离，古老的思维方式与神话般的形象和社会现实融合在一起"。相比较而言，拉森认为文明的思维方式忽略了理解世界的神话方式，因此这些想象和观点受到压制，只出现在幻想和梦境中。

在其铭记终生的"宏伟愿景"出现之前，布莱克·埃尔克的身体出现了严重的症状。有一天，他的双腿毫无征兆地受伤了。第二天早上，他根本无法走路，胳膊、双腿和脸都浮肿了。患有这种疾病的同时，他的视野大大开阔，可以和一些神灵交谈，并被赋予了治愈他人、与动物交流，甚至魂游身外的能力。

受过典型训练的西方心理健康工作者会将其诊断为精神病患者，甚至精神分裂者。这样的人很可能会被告知此病无法治愈，接受开出的抗精神病药物，并且可能在医院度过余生。但这并未发生在布莱克·埃尔克的身上。相反，他忧心忡忡的父母拜访了一位名叫布莱克·罗德的传统拉科塔族萨满，他与男孩单独坐在帐篷里，询问男孩见到的异象。"我很害怕，告诉了他有关异象的一切，我讲完后，他凝视着我说：'啊！'表示自己很惊讶。"布莱克·罗德告诉埃尔克，现在他知道问题的症结了：布莱克·埃尔克必须尊重听到的召唤，并"为你地上的子民实现这一异象。这样恐惧就会离开你。但若不这样做，你会遇到非常糟糕的事情"。

每一个认识这个"问题男孩"的人都同意帮助再现折磨他的画面和声音——直至最小的细节。他们建立了一个神圣的圆锥形帐篷，并花了一整天在兽皮上画出布莱克·埃尔克异象中的图像。他们整夜未眠，学习埃尔克在异象中听到的神圣歌曲。16位年轻人骑着特定颜色的马，4个神圣的方向各有4人。村里的4个年轻女孩以及6个老人参与了再现异象。人们按照埃尔克的描述涂抹脸部和身体，收集食物并齐声打鼓。

这个饱受幻听和不安异象所困扰的年轻人，被其社区以一种亲密、支持和充满爱的方式所接纳。他们聚集在一起，以尽可能逼真的方式再现困扰埃尔克多年的画面和声音。

这并非高尚的野蛮，而是涉及很多个人利益。在萨满教社会，人们知道能够在两个世界之间移动的人算是一笔巨大的财富——他是一个治疗师，会在自己的余生用这种能力帮助他人。正如精神病学家罗杰·沃尔什所解释的那样，尽管"西方精神病学有着将神秘主义者视为疯子、将圣徒视为精神病患者、将圣人视为精神分裂症患者的悠久历史"，但在传统社会，这些经历可被视为"（一个人）注定要成为萨满的证明"。部落认为这样的年轻人，"正在经历一个困难但具有潜在价值的发展历程。如果处理得当，这一历程有望以有利于整个部落的方式解决，并为其提供通向精神领域和力量的新途径"。

沃尔什所描述的这种宣泄疗法就发生在布莱克·埃尔克身上。在人们再现异象达到高潮时，这个男孩抬头仰望天空，正如他多年后回忆道："我坐在那儿看云卷云舒，再次看到了远处的异象。我环顾四周，看到我们所做的正如远处天上的异象投射到大地上的阴影，如此明亮而清晰。我知道真实在那边，黑暗的梦在这里。"这次的经历使这个受到惊吓的男孩变成了一个能够承受超乎想象的心理压力的男人。

并非所有的心理健康危机都可以用萨满教的干预措施进行解决。由于遗传、妊娠并发症、头部外伤等，某些状况是器质性的。在这种情况下，现代精神病干预措施可以挽救生命。但我们今天在周围看到的大多数痛苦是社会原因造成的，这些原因可以且必须在其表现为精神疾病之前得到解决：经济不安全，养育方式错误，教育制度过于压迫，战争和家庭暴力带来创伤，对性和身体感到耻辱，荒谬的成功观念和美的观念让我们始终对自己和生活不满意，等等。这些焦虑和痛苦的根源无药可医。

我们的文明冲动是消除或削弱感知到的危险：在它杀死我们之前就把它杀死。我们将婴儿放在无菌的保育箱中；送孩子去配备武装警卫和金属探测器、法律禁止教师触碰哪怕是哭泣的孩子的学校；在全球范围内四处扔炸弹，杀死恐怖分子，却导致更多潜在的恐怖分子出现；对我们用药，平息那些我们本该倾听的声音。这些方式从未奏效，也永远不会奏效——我们似乎慢慢意识到了这一事实。我们的生存不是依靠消除生命中的危险，而是依靠重新学习拥抱并接纳使我们恐惧的事物，包括意识改变状态。

打开，收听，变得更好

若是我告诉你，科学家已发现了一种新型无毒、无成瘾性的廉价药物，其效果远超目前医生用来治疗严重焦虑症，对酒精、烟草、可卡因和阿片类药物成瘾的症状，以及身心痛苦的癌症患者的药物，你会怎么想？实际上，其作为药物的历史十分悠久，并且基本免费。它们被称为迷幻药。

在一些社会里，迷幻药被视为上帝赋予人类的最伟大的礼物之一。从亚马孙河流域的死藤水，到墨西哥维乔印第安人的乌羽玉、非洲的伊博格、西伯利亚和印度的毒蝇鹅膏菌，再到20世纪50年代欧美精神病医生办公室使用的麦角酸二乙基酰胺（LSD），迷幻药被视为应该带着崇敬、仪式感和敬意来使用的神圣物质。现在是一个明显的例外，拥有这些不致瘾的无毒物质可能会导致你在牢笼里度过余生。你以为我在夸大其词吗？我也希望如此。

依据20世纪80年代里根政府"严厉打击毒品"的最低法定量刑指南，分销毒品的罪犯通常比谋杀犯被判处的刑期更长。例如，蒂莫西·泰勒因于1992年将LSD卖给朋友而被判处终身监禁。[5]那时他只有23岁。次年，鲍勃·赖利因为在感恩而死乐队的演唱会上出售迷幻蘑菇而被判终身监禁。由里根任命的美国地方法院法官罗伯特·朗斯塔夫，对自己被迫对赖利做出如此判决而感到遗憾。"对你的强制无期徒刑是不公正的，判决不公。"在给赖利戴上脚链押送监狱前，他在宣判听证会上这样表示。⁶ 这些例子足以说明，我们的社会通常会对分发在其他社会被珍惜并会进行庆祝的相同物质的人处以无期徒刑。

但情况可能正在改变。20 世纪 90 年代中期，我初次见到里克·多布林时，以为他是一位令人敬佩的梦想家。20 世纪 80 年代初期，里克是一位年轻的实习治疗师，对亚甲二氧甲基苯丙胺（MDMA，俗称摇头丸）有一些了解，当时 MDMA 仍然是合法的。摇头丸（后来还被称为亚当、狂喜丸、莫莉、快乐丸等）当时正被一些非正式的治疗师使用，主要在美国西海岸。默克公司的一位化学家首先于 20 世纪 20 年代合成该药物，但由于未能在动物研究中发现其具有临床作用，所以该药物被搁置了。20 世纪 70 年代后期，该药物由传奇化学家萨沙·舒利金重新发现。由于大多数人在服用该药物时会产生同理心和同情心，所以许多治疗师将其称为"同情病原体"。这种特性使摇头丸在治疗师中颇受欢迎，尤其是治疗那些因焦虑而疲惫不堪的患者，以及因累积了愤怒和敌意而阻碍了有效沟通的夫妇。

20 世纪 80 年代初期，摇头丸在跳舞俱乐部中流行开来，后来人们开始看急诊，抱怨服药过量。显然，联邦政府将禁止在娱乐场所使用摇头丸。但由于死亡案例很少，没有显示出神经毒性，并且治疗效果较为显著，所以美国缉毒局举行了一系列听证会，以确定该药物是否具有合法治疗用途。法官建议将摇头丸归类为第三类药物，因为其已有成功的医疗用途历史，但美国缉毒局的管理者否决了该建议，并将其归为第一类药物（无医疗用途）。哈佛大学精神病学家莱斯特·格林斯庞起诉美国缉毒局，以促使其承认摇头丸显著的医疗用途，联邦法院同意撤销摇头丸的第一类管制药物地位。[7]但仅几周后，美国缉毒局否决了联邦法院的裁决，并将摇头丸重新归为第一类管制药物。联邦政府坚决宣称摇头丸无潜在有益属性。

此时，里克·多布林开始了他毕生的工作，即找到一种方法，以负责任的方式合法地将摇头丸及其他具有迷幻药性质的药物引入美国主流临床实践。1986年，他成立了迷幻药多学科研究协会，并就读于哈佛大学肯尼迪政府学院，在那里他撰写了有关迷幻药和大麻医疗用途管制的论文。[8]

多布林的提议有些激进，但并非没有先例。迷幻药在各别地方被广泛使用，直到宗教权威通过严厉镇压加以制止，他们认为这种利用植物与神进行接触的简便方式威胁到了其对神圣的垄断。在西班牙征服墨西哥期间，拥有迷幻蘑菇的人（阿兹特克人称为"神灵"）会被处以死刑。可见西班牙人崇拜的确实是一位"嫉妒的上帝"。

同样，在基督教及其禁令到来之前，欧洲的原住民医务人员有时会使用一些毒蝇鹅膏菌或蟾蜍，其中部分种类的表皮含有两种强力成分——5-甲氧基二甲基色胺和蟾毒色胺。由于此类菌和蟾蜍均有剧毒，所以这些成分并非通过吞食，而是通过黏膜进入血液。早期治疗者多为女性，历史学家记录了一种摄入"魔药"的方法，就是将一根阴茎状的魔杖浸入魔药中，然后在阴道黏膜上或内部擦拭。为了消灭这些习俗，基督教发起运动将这些女性妖魔化，"女巫"至今仍被描绘为骑阴茎扫帚飞行。

20世纪50年代和60年代初期，许多心理学家和精神病医生认为，LSD是一种拟精神病药，会引起暂时的精神病状态。这些现代萨满服用了大剂量药物，花了8~12个小时经历患者经常描述的迷失方向、产生幻觉、出现偏执和超然状态等，从而更好地与患者产生共鸣。欧美和加拿大的研究人员使用LSD和赛洛西宾进行了成千上万个实验，以治疗多种疾病，包括酗酒、强迫症、抑郁症和精神分裂症。美国中央情报局和军事科学家正在开展其他研究，将这些物质用于审讯、增强智力等。在此期间，约400万美元的联邦资金资助了美国100多项LSD研究。一些精神病医生，最著名的是奥斯卡·贾尼格，与希望体验这些物质的超凡效果的"患者"进行了私下讨论，包括阿娜伊斯·宁、奥尔德斯·赫胥黎、加里·格兰特、丽塔·莫雷诺和杰克·尼科尔森。在服用LSD的数百万人中，无人死于服药过量。尽管在极少数情况下，人们做出了错误决定，最终导致死亡，但此类事件是由于不了解如何正确使用该物质，而非物质本身所致。

随着美国民众开始反对越南战争，以及内陆城市的暴力和城市衰败加剧了紧张局势，尼克松政府策划了另一场战争，旨在打击和压制两种最大的抗议声音：嬉皮士和黑人。事实证明，"禁毒战争"与毒品无关。这只是一种将反对在东南亚浪费宝贵生命、耗费巨大财力的抗议之声边缘化并进行压制的手段。曾在1968年担任尼克松国内政策顾问的约翰·埃利希曼于1994年向记者丹·鲍姆解释了该计划：

> 1968年的尼克松竞选和此后的尼克松政府有两大敌人：反战的左派和黑人。你明白我的意思吗？我们知道无法使反战或黑人成为非法的存在，但通过让公众将嬉皮士与大麻、黑人与海洛因联系起来，然后将其重罪化，我们可以破坏这些群体。我们可以逮捕他们的领导人，突袭他们的房屋，打断他们的会议，并在每天的晚间新闻中诋毁他们。我们知道自己在毒品问题上撒谎吗？当然知道。[9]

在急于攻击嬉皮士和黑人的过程中，尼克松（美国最受鄙视的总统之一）宣布所有此类药物为非法药物，从而破坏了数十年来对迷幻药治愈潜力的研究。但迷幻药所引起的轰动仍继续蔓延至美国和世界文化，并对20世纪下半叶音乐、艺术、电影和科学领域的进步产生影响。DNA双螺旋结构的发现者弗朗西斯·克里克是喜欢及时行乐的人，甲壳虫乐队从穿着猴子服装演奏《我想牵着你的手》变成了演奏《永远的草莓田》，史蒂夫·乔布斯回忆称服用LSD的经历是他"一生中所做的最重要的事情之一"。

迷幻药与尖端创造力的关联仍在延续。许多人认为，旧金山湾区的天才是科技和药物引发的自由思想（这种自由思想在20世纪70年代达到极致）结合的产物，这并非巧合。硅谷著名投资者和作家蒂姆·费里斯表示，他认识的许多成功的企业家，如果没有宗教信仰，都会定期使用迷幻药。在接受美国有线电视新闻网财经频道的采访时，费里斯说："我认识的亿万富翁，几乎无一例外，都定期使用迷幻药。（他们）希望具有颠覆性，研究世界上的问题……并提出全新的问题。"除了传闻之外，还有充分的理由采用这种方法。罗宾·卡哈特-哈里斯博士用功能性磁共振成像机器研究迷幻药影响下的大脑行为方式，他表示，迷幻药"拆除了'破旧的'网络"，从而产生了新的交流模式。

关于这些物质有毒或有其他危险的说法普遍存在，但证据可能存疑。一个著名的案例是，1967年，《科学》期刊报道LSD会破坏染色体，尽管事实是其所报道的研究只基于单个受试者。这种不科学的哗众取宠言论立刻被美国媒体所接受。记者在诸如《LSD的隐藏邪恶》等耸人听闻的文章中宣称，"新研究发现（LSD）造成遗传破坏，构成当下巨大的威胁，并导致胎儿出现可怕的异常"。在接下来的5年中，科学文献和通俗文献都放大并散布了这种可笑的谬论，将LSD和出生缺陷关联起来。所有这些，却只是基于对单个受试者的单一研究。

4年后，也就是1971年，《科学》期刊发表了一项后续研究，承认"摄入适当剂量的纯LSD不会破坏染色体，不会引起可检测的遗传损伤，也不会对人体产生致畸或致癌作用"。然而，并没有新闻头条大肆宣扬这一消息。即便现在，将近半个世纪之后，许多人仍然相信，LSD的使用与染色体损伤之间存在明显关联。

尽管应该始终谨慎对待这类物质，但世界卫生组织对迷幻药进行的评估甚至没有举出一个例子来说明自然的迷幻药有何危害（只有少数与LSD相关的传闻）。2015年发表在《精神药理学期刊》上的一项大规模研究调查了13万名美国成年人，但没有找到任何将迷幻物质与任意类型的精神健康问题联系起来的证据。研究人员"发现终生使用迷幻药与过去一年的严重心理困扰、心理健康治疗、自杀念头、自杀计划以及自杀未遂、抑郁和焦虑可能性增加之间没有显著关联"。他们通过观察得出结论："很难看出将禁止迷幻药作为公共卫生措施有什么合理性。"

迷幻药确实会带来风险。由于其可以触发深刻的感知变化，所以迷幻的经历可能令人恐惧和迷失方向。已经患有严重心理健康问题、现实感崩溃或自我价值受损的人，可能会发现这些困扰非常痛苦。同样，迷幻药揭开自欺欺人面纱的倾向会给经历艰难时期的人带来困难，因为人们越来越难以忽视生活的现实。然而，英国药物独立科学委员会评估各种物质对使用者及他人造成的相对危险时，发现酒精居于首位，而LSD和迷幻蘑菇排在最后。用该委员会负责人戴维·纳特教授的话来说："几乎不可能因过量服用而死亡；它们不会造成物理伤害；它们是抗上瘾的，因为会引起突然的耐受性，这意味着如果你立即服用另一剂，效果可能很小，所以没有动力服用更多剂量。"

约翰斯·霍普金斯大学医学院的心理药理学家罗兰·格里菲思对美国文化中关于迷幻药的恐慌感到迷惑不解："我们最终妖魔化了这些化合物，（但）你能想到另一个被视为如此危险和禁忌，以至于数十年来所有研究都停滞的科学领域吗？这在现代科学中是前所未有的。"在格里菲思的研究中，36名受试者服用了含有赛洛西宾或兴奋剂且会引起轻微生理反应的药丸。研究人员总结道："在支持性条件下给药时，赛洛西宾引发了类似于自发神秘经历的体验。"志愿者认为，这是其一生中影响最大的经历，可与孩子的出生或父母的去世相提并论。2/3 的人将服用赛洛西宾列为生命中最重要的五大精神体验之一，另外 1/3 的人表示这是他们有过的最重要的精神体验。

格里菲思实验室的心理学家凯瑟琳·麦克莱恩进行了一项后续研究，发现受试者的性格发生了积极而持久的变化，尽管传统观点认为，性格在 30 岁时已大致固定。在服用赛洛西宾一年多以后，许多受试者仍然表现出更大的耐受性、灵活性和创造力。[10] 格里菲思说："我不想用'振奋人心'这个词，但作为一种科学现象，如果你能创造条件，使 70% 的人经历人生中最有意义的五大体验之一呢？对于科学家来说，这简直令人难以置信。"

格里菲思和同事也一直在研究赛洛西宾治疗烟草成瘾的潜力。这些研究仍处于早期试验阶段，样本量较小，但结果却具有爆炸性：在接受治疗6个月后，80%的受试者（所有受试者均曾多次尝试戒烟）仍未重新吸烟。与此相比，目前最成功的方法——尼古丁替代疗法的成功率只有7%。

萨满教社会很早就熟悉的另外两种药物——死藤水和伊博格——开始受到很多关注，尤其是因为它们具有帮助人们摆脱成瘾行为模式的潜力。死藤水（也称为yage，其词源在克丘亚语中是指"灵魂的藤蔓"）是由亚马孙河流域的两种植物制成的混合物：藤本植物卡皮木和绿九节植物的叶子。死藤水具有一系列强大的治疗作用。主要的精神活性成分是二甲基色胺，一种在人脑中自然产生的物质，我们的血液和脑脊液中也能检测到它。虽然主要研究二甲基色胺的迷幻作用，但该物质也参与我们的梦、濒死经历和精神病发作过程。最近的研究表明，二甲基色胺的治愈潜力可能很大。一篇题为《死藤水的治疗潜力：对抗多种文明疾病的可能效用》的评论文章已发表在期刊《药理学前沿》（2016年3月）上。该文作者概述了人们从酿造过程中获得的一些已被证实的益处，并得出结论，"在生物－心理－社会－精神模型中"可以以最好的方式理解死藤水，并且死藤水"可能会对抗慢性低度炎症和氧化应激"。作者尽力保持低调的科学语调，同时指出潜在的巨大医学突破:"总而言之,没有其他受体像 Sig-1R(西格玛-1R,与二甲基色胺结合)那样与如此多不同的疾病相关联。迄今为止,它与阿尔茨海默病、帕金森病、癌症、心肌病、视网膜功能障碍、围产期和创伤性脑损伤、额叶运动神经元变性、肌萎缩侧索硬化、HIV(人类免疫缺陷病毒)相关痴呆、重度抑郁症和精神兴奋剂成瘾相关。"深入了解和重视死藤水对重新建设一个更加健康、幸福的人类社会似乎至关重要。

"伊博格"(iboga)这个词显然来自索戈语的动词"boghaga",意为"关怀"。跟死藤水一样,伊博格在萨满仪式中已有悠久的使用历史,最著名的是在西非国家加蓬的布维地宗教者的成年仪式上。如今,伊博格已成为众所周知的一种困难但有效的方法,可以帮助摆脱成瘾行为模式,尤其是涉及鸦片的行为。跟死藤水一样,伊博格并非用于派对助兴,它因为致幻作用太强而缺乏"趣味",持续时间从 24 小时到 48 小时不等。此外,伊博格可能很危险。诊所中有几例死亡案例,但尸检发现,在所有病例中,死者要么患有既有的、未经诊断的心脏疾病,要么是服用伊博格时还服用了其他药物(通常是可卡因)。[11]

尽管人们对其具体的作用机制还不太了解(很大程度上是由于研究非法物质十分困难),但服用伊博格的经历使许多瘾君子感到自己长久以来的渴望都被清除了,仿佛其大脑已经以某种方式重置了。一个海洛因成瘾多年、在墨西哥蒂华纳的一家诊所花了最后一笔学生贷款成功治愈的男人告诉我,经历过一次伊博格的体验之后,他觉得自己一生中仿若从未服用过海洛因。"根本没有吸引力了。"他说,"如果我复发了,那就像是从零开始,而不是回到我希望的位置。"

根据美国疾病控制与预防中心的最新报告,1999—2014年服用处方阿片类药物过量而死亡的人数增长了3倍,这些药物的销量也是如此,并且这一数字还在继续增加。2017年,死于吸食毒品过量的美国人(6.4万人)比整个越南战争期间死亡的美国人(5.8万人)还要多。药物过量的死亡案例绝大多数来自阿片类药物——我们开了太多止痛药,因为我们只是治疗表面症状,而非生活中根本的结构性问题。尽管这种流行病仍在继续,但联邦政府仍然禁止死藤水和伊博格(已知最有效的成瘾治疗法)的临床使用。

研究人员发现,赛洛西宾可以有效缓解人们对死亡的恐惧,以至于仅用一剂就可以使癌症晚期患者的焦虑和抑郁感迅速显著降低。[12] 即便6个月后,其对患者的心理益处仍未减少。参与这项研究的一位科学家对结果感到惊奇,甚至质疑其真实性。"我原以为最初的10人或20人……一定是装的。曾经非常害怕死亡的人不再恐惧。服用一次药物就可以长期有效,这是前所未有的发现。我们在精神病学领域从未有过类似经历。"研究者——纽约大学医学院的精神病学、儿童及青少年精神病学副教授斯蒂芬·罗斯博士感到很惊讶。

参与这项研究的另一位科学家安东尼·博西斯博士,是研究姑息疗法的专家。博西斯相信,赛洛西宾辅助疗法可以通过触发增强精神意识的宣泄状态来帮助患者。"赛洛西宾和其他具有精神活性的有机化合物的使用时间已有千年之久,并且能有效激活人的神秘体验。"他说,"事实证明,这种神秘体验可以延长患者的生存时间,改善患者的生存状态,提高其重构癌症对生活的影响的能力。病人认识到他本身并非将要死去,而是将活到最后一刻。最终,患者对死亡的恐惧减少了,更多地拥抱生活,成为生活的积极参与者,人际关系丰富起来。毕竟在癌症晚期,患者的日常生活会受到严重影响。"

尽管生存恐惧减少在现代医学研究中可能"前所未有",但在人类经历中却早已存在。仪式性使用影响精神状态的迷幻蘑菇的考古证据可以追溯到至少 5 700 年前,比当今世界上所有主要的有组织宗教都要早数千年。历史学家认为,迷幻蘑菇很可能是古印度吠陀提到的"苏麻液"(能令人沉醉的一种植物液汁)和荷马在《奥德赛》中提到的"忘忧草"。从北极圈到亚马孙最茂密的丛林,萨满教社会中关于此类物质的长期使用早有记载。

戴维·纳特是英国著名的精神病学家和神经药物学家,也是一位杰出的研究人员。2007 年在《柳叶刀》上发表一项关于比较毒品危害的研究的结果时,他还是英国政府的毒品政策顾问。但纳特很快就被解雇了。与美国一样,英国无知的政客坚持妖魔化那些能产生共鸣、爱和同情的相对无害物质,同时用纯麦芽苏格兰威士忌腌制自己的肝脏。敢于公开表示异议的科学家(即便是所在领域的顶尖人物),也有职业自杀的风险。毒品政策与其说是科学,不如说是政治,但多亏了勇敢的科学家和学者，如戴维·纳特、安德鲁·韦尔、查尔斯·格罗布、斯坦利·克里普纳、里克·多布林，以及许多公开讨论这些物质强大的治疗潜力且勇于发声的学者，禁止研究和临床使用的禁令开始逐渐放松。

变革即将到来，但步伐缓慢。成千上万个被视为政治犯的人仍然在世界各地苦苦挣扎——他们因促进人类几千年来用来减轻痛苦和增强意识的物质的使用而被定罪。对迷幻药治疗和教育潜力的恐惧已经开始消退，部分原因是神经病学家奥利弗·萨克斯、史蒂夫·乔布斯和诺贝尔奖得主弗朗西斯·克里克及凯利·穆利斯等知名人物公开讨论他们服用LSD、赛洛西宾及其他迷幻药的经历。2015年，在全球规模最大的精神病学家专业聚会上，美国精神病学协会主席保罗·萨默格拉德博士公开宣称，早期服用LSD的经历帮助他决定毕生致力于精神病学领域。[13]

***

觅食者认为，这个世界在精神上充满活力、热情慷慨，而农民倾向于视这个世界了无生气、令人生畏和不情不愿。觅食者的神灵多样、仁慈，任何人都可以求告。农民的上帝孤独、愤怒和嫉妒。无论拥有的财产多么少，觅食者都会毫无保留地分享。农民被教导囤积财产并用生命加以捍卫。觅食者往往将彼此视为互惠互利的伴侣，而农民则倾向于将彼此视为零和博弈下的竞争对手。有很多方法可以阐明我们永恒的本质与当前的困境之间的区别。例如，在经典著作《以实玛利》中，丹尼尔·奎因将离开者与接受者区分开来。冒着听起来像卢梭般无可救药的风险，我认为同样明确的两极是爱与恐惧。

伊丽莎白·库伯勒－罗斯在其经典著作《论死亡和濒临死亡》中指出，在处理损失时，大多数人似乎都会经历五个阶段的悲伤——无论是失去恋人、亲密的朋友、工作还是生命本身。一旦对此有所了解，你会发现这些阶段随处可见。

- 拒绝（"实验室肯定犯了一个错误。"）
- 愤怒（"为什么是我？这不公平！"）
- 讨价还价（"我保证会改变。"）
- 抑郁（"有什么意义？我好累。"）
- 接受（"我可以处理。"）

当恐惧被消除，爱再次成为可能时，就进入了接受阶段。早期阶段都是不断发展的恐慌的表现，着眼于失去的是什么，而非还有什么或正在收获什么。学会接受我们最恐惧的事物的必然性，是迈向值得的人生道路上必不可少的一步。千百年来抗争这种独特的人类知识，已经使相对轻松平等的灵长类动物成为经常具有攻击性、沮丧感和恐惧感的野兽——我们已经从蚱蜢变成了蝗虫。"最终，恐惧甚至消除了一个人的人性。"奥尔德斯·赫胥黎在《猿和本质》中写道，"而恐惧，我的好朋友们，恐惧是现代生活的基础和依据。"

永恒发展的叙事之所以无处不在，是因为它满足了建立在恐惧之上的现代世界的目的。我们通过向正确的上帝祈祷，购买正确的东西，上正确的学校，接受正确的补给，进行正确的锻炼，以及为正确的军队作战，从而学习朝着永生迈进。同时，我们被提醒这是一个残酷的世界，我们都很无助。我们继续匆忙前行，践踏花园的剩余部分，逃离饥饿、遗弃、恐怖主义、经济崩溃、警察和罪犯、核灾难、火山动荡、小行星和死亡等早期幽灵。然而，我们终有一死。

迷幻药的神秘和人们最需要的力量，有助于我们摆脱对死亡的恐惧，这可能会帮助我们接受生活的给予和对我们的要求。这种看法对于度过真实正直的生活至关重要，它严重威胁着文明的虚假叙述，以至于数百年来，使用这种物质的原住民医务人员被文明人谴责为巫师或异端，并被活活烧死。即使在今天，我们也会宣判无害的青少年数十年有期徒刑，因为他们把神奇的蘑菇带到了泥地音乐会上。

20世纪60年代，愤怒的革命口号是"打开，收听，退出"。嬉皮士早已长大，如今他们知道这场革命并不是为了毁灭世界，而是要保护世界。我们需要将智慧应用于所发现之处，这显然包括迷幻药。多布林沉思道："这不是'打开，收听，退出'，而是'打开，收听，接管'。"

但这种由觅食者和怪胎共有的迷幻世界观有多"真实"？

关于圣灵

当被要求定义"现实"时,著名科幻小说家菲利普·迪克表示:"现实就是,即使你不再相信它,它也是不会消失的事物。"这是一种很好的思路,但它错过了现实的一个重要方面:由信念支撑的那部分也同样真实。面对打翻蜡烛的鬼,最好在争论鬼的真实性前扑灭火焰。说到神秘经历,最明智的方法是判断其结果,而非因我们目前无法解释其作用机制而偏离。在《科学》上发表的采访中,海弗特研究学会的创始人和迷幻药研究的主要支持者戴维·尼科尔斯被问到有关结合迷幻药的治疗方法的"现实性"。他回答道:"如果它能给人们带来和平,如果它可以帮助人们在朋友和家人的陪伴下安详地死去,那么我不在乎这是真实还是幻想。"确实,在这种情况下,"真实"与"幻想"之间的区别开始消失。所谓科学世界观常常受到不愿接受无法解释的事物的现实性的限制。将迷幻药可测量、可预测的改变生活的切实影响视为某种"嬉皮废话",无异于不了解子弹的工作原理而用枪击中了自己的脚。

1977年,伟大的理论物理学家戴维·玻姆描述了我们的信仰和我们经历的现实所形成的旋涡的感觉:"现实是我们所认为的真实。我们所认为的真实是我们所相信的。我们所相信的基于我们所感知的。我们所感知的取决于我们所寻找的。我们所寻找的取决于我们的想法。我们的想法取决于我们的感知。我们的感知决定了我们的信仰。我们的信仰决定了我们所认为的真实。我们所认为的真实就是我们的现实。"（需要多读几次才能理解。）

在《疯狂的地理：阴茎窃贼、巫毒教死亡，以及寻找世界上最奇怪症状的意义》一书中，弗兰克·布雷斯调查了一些离奇但明显"真实"的疾病，人们遭受这些疾病正是因为他们相信这些疾病的存在：

马来西亚曾有一个杀人狂，在沉思一段时间后，开始了一场随机的杀人狂潮，但此后没有任何记忆。在日本，一些人患有担心他人窘迫畏惧症，极为恐惧他人尴尬的状况（而非自己尴尬）。在柬埔寨，人们遭受"风袭"之苦，风袭是一种"风状物质"，被认为与血液一起流动，冲到头部，引起包括头晕、气短、麻木、发烧等各种问题……印度男性有罹患 Dhat 综合征（也称泄精症，印度文化中的性神经官能症）的风险，他们由于精液损失而使体重减轻，并感到疲劳、虚弱和阳痿。精液是阿育吠陀医学中七种必需的体液之一。在印度部分地区，他们还感染了缩阳症：1982 年，下阿萨姆邦的 83 名男女因为小腹"刺痛"并担心睾丸或乳房萎缩而被送往医院。

除了这些想象出来的真实疾病之外，众所周知，人类还善于在最不可能的地方发现宗教意义。似乎没有记者不称希格斯玻色子为"上帝粒子"，尽管它与上帝无关。[14] 该术语由物理学家兼诺贝尔物理学奖得主利昂·莱德曼创造，他提议将自己关于希格斯的书命名为《该死的粒子》，因为希格斯玻色子实在难以找到。编辑对标题进行了些许调整，现在全世界都接受了这一说法。"该死的"一词造就了多么大的不同啊。

在 2001 年发表的一篇名为《机制的神话》的文章中，康涅狄格大学健康中心的免疫学和实验病理学教授 T. V. 拉詹解释了他对医学研究拒绝承认无法解释的事情的沮丧。拉詹写道，有两个不同的方面需要研究：确定一种现象是否存在，以及该现象是否"通过一种我们当前所知的人类生理和行为背景下可以理解的机制运行"[15]。拉詹看到太多同事拒绝承认他们无法解释的事物的存在——他认为这是一个错误，因为我们是否理解某事物如何存在不应与该事物是否存在相混淆。

拉詹列举了一些重要的医学进展实例，其作用机制（在某些情况下仍然）完全无法解释：洋地黄（用于治疗各种心脏病）、乙胺嗪（用于治疗淋巴疾病）、氯喹（抗疟疾药物）——用拉詹的话来说，这些都是"作用机制尚不明确的药物"。他本可以提及 1796 年爱德华·詹纳发明的第一支疫苗，当时詹纳并不清楚他让不知情的孩子所感染的牛痘是如何产生天花免疫力的。那只是一种直觉。另一直觉在 100 年后促使纽约外科医生威廉·科利向癌症患者注射链球菌，并获得了令人惊奇（且难以解释）的积极效果。病理学家悉尼·法伯 1971 年在参议院委员会做证时表示，"医学史上有很多在获得疗法数年、数十年甚至数个世纪后才了解其作用机制的例子"[16]。

拉詹称因无法解释其如何发生就忽视某种现象为"狂妄自

大"。他写道："我们似乎对人体生物学和生理学知之甚少，以至于无法理解大部分发生在我们身上的事情，至少以现有的知识基础来说是如此。撇开其他不谈，谦逊意味着我们认同尘世间有我们无法感知的事物。"

科学无疑是点亮已知宇宙的最强光线之一，但科学之光也可能有阴影和局限。那些坚持认为除了科学上可以证明的东西，其他事物都不存在的人，就像孩子蒙上眼睛，想象着世界因为看不见而消失。

最近，所谓"新无神论者"狂热宣扬的教理问答的核心信念是，由于某人宗教信仰中的各种因素有显而易见的不真实性（如世界上所有动物都是挪亚方舟的后代，地球只有 7 000 年的历史，或者说这位神比那位神更好），所以他们的宗教经历是虚幻的。这种观点背后的错误假设是一个数字化的宇宙。事物只有两种状态，真或假，是或否，开或关，死或生，零或一。

但生活中充满着这样的瞬间，客观现实和信念所缓解的经历就像咖啡和奶油般不可分割且美味地交织在一起。安慰剂并非"真正的"药物，但可以有效缓解疼痛和抑郁，尤其是在美国患者中。我们不知道安慰剂是如何起作用的，但毫无疑问，其作用通常和最昂贵的药物一样好，甚至更好。信念是安慰剂有效性的核心。当你不再相信这一现实时，效果就消失了。

通过全面审查 200 多项已发表的研究，可以发现患者的宗教热忱与更佳的健康状况相关。作家杰弗里·莱文写道："结果表明，无论使用何种宗教手段或研究结果如何，宗教热忱在很大程度上都会产生有益或保护性的流行病学效应,这种关系体现在研究人群中,无论年龄、性别、种族、民族、国籍、研究设计或开展研究的时间段如何。"[17]

宗教信仰可能受到幻想故事的启发,令难以容忍的事变得可以容忍。爱也许只是相互理想化的持续投射,但这就是我们活着的意义。在牛粪堆中生长的小蘑菇可以激发神秘的超凡体验,以至于我们突然能够起身摆脱数十年的自我毁灭行为,抑或是平静地接受我们最终的旅程。再没有比这更真实的了。

除了重新构造我们与肉体和自我死亡的关系之外,人们在寻找许多方法,使现代生活与古老永恒的人类欲望和轨迹相一致。

过去进行时

> 于是,我们奋力搏击,好比逆水行舟,不停地被水浪冲退,回到了过去。
>
> ——弗朗西斯·斯科特·菲茨杰拉德,《了不起的盖茨比》

当你迷路时,退后一步可能就会朝着正确的方向迈进。每天,越来越多的人得出结论,文明的核心神话所提倡的生活方式正在给我们许多人带来孤独、困惑、焦虑和绝望。实际上,现代生活的各个方面都需要重新审视,而且,我们正在寻求人类的原始环境作为指导:自然分娩,自由放养,素食肉,有机水果和蔬菜,横向商业组织,共享经济,非二元性别和灵活的人际关系配置，性少数群体权利，极简住房和个人理财，辅助性医疗，迷幻药辅助的心理治疗……每个这样的增长趋势，以及更多类似趋势，都植根于古生物学原理。我们已经研究了一些理解未受束缚的人类生活的方式，包括出生、养育子女、工作及我们与金钱的关系、迷幻心理疗法，以及我们对待死亡的一些方式。每年都会发行数十部书籍和纪录片，探讨这些相同的原则如何改变人们看待想要居住的房屋、维持或恢复健康以及管理财务的方式。

***

史蒂文·约翰逊称自己为"同辈进步人士"。他在《完美的未来：网络时代的进步案例》一书中写道："我们相信社会进步。我们认为，推动进步的最强大工具是对等网络。"约翰逊认为，"持续进步的关键在于，在尽可能多的现代生活领域中（在教育、医疗保健、城市街区、私营公司和政府机构中）建立对等网络"。但他对我们的现状不抱任何幻想："21世纪的市场被庞大且层次分明的跨国公司所主导——这是对等网络的对立面。"然而，那些庞大的公司远比看起来要脆弱得多，并且许多公司正在退出。爱彼迎和类似网络正在抢占世界各地酒店的市场份额，而出租车正在被来福车之类的乘车共享应用程序所取代——后者很快将不得不与已经在硅谷道路上进行测试的自动驾驶汽车竞争。

约翰逊最喜欢的新型去中心化经济的一个例子就是众筹平台Kickstarter，其"想法和资金都来自网络的边缘，服务本身只是提供使这些连接成为可能的软件。没有专家，没有领导，没有官僚主义者——只有对等的用户"[18]。尽管该公司本身就是现代资本主义的典范，但它所创造的却是资本主义的替代品——可追溯至人类交换的原始形式：礼物经济。这种方法有多强大？根据该公司的公开信息，自该网站于2009年启动以来，在不到10年的时间里，1 400多万人已投入35亿美元用于支持创意项目。

约翰逊所说的"对等网络"，实质上是我们祖先生活了数十万年的社交网络的现代放大版。约翰逊写道："当社会中出现了无法满足的需求时，我们的第一动力应该是建立一个解决该问题的对等网络。"

一旦按照这种思路进行思考，你就会看到遍布各地的觅食者价值观与文明价值观之间的斗争。所谓进步议程通常符合觅食者的价值观：更公平地分配资源、援助弱势群体、尊重妇女和女性自主（包括同工同酬和生育权）、增加卫生保健和教育项目资金、接纳所有宗教等。更为保守的议程通常与农业价值观相符，如个人权利取代社区权利，对女性性行为进行家长式男性控制，进行军国主义扩张、颂扬财富和实行一神教。

将Kickstarter这样的现代公司与狩猎采集者联系起来似乎有些牵强，但约翰逊认为两者间存在直接联系："这些系统的协作式、平等式结构中，某些事物会与人的思想产生共鸣，这是我们作为人类的悠久历史的回声……旧石器时代（人类思想的形成年代）的社会体系结构，与国家或公司相比，更接近对等网络。"

互联网及其相关工具使这种均等、水平的网络成为可能。其潜在影响令人兴奋，包括通过智能手机进行投票及竞选捐款、更加分散的独立出版业和新闻业、加密银行和货币兑换、快速响应的救灾组织、远程医疗和平价教育。

坦率地说，初读约翰逊的书时，我的意图是要揭露其对未来的乐观主义的看法是错误的或有不当之处（请参阅前面关于"理性乐观派"的讨论）。我的意思是，怎么可能有完美未来？得了吧。但在读了他并不幼稚的乐观论证之后，我不得不承认他的观点有一定的道理。没有人能预见到，当人类群体以几十年前难以想象的互联水平重构自我时会发生怎样的变化。正如未来学家凯文·凯利所说："运行一个系统是识别其中涌现结构的最快、最短和唯一确定的方法。真正'表达'一个复杂的非线性方程以发现其作用没有捷径可走。太多行为被隐藏起来了……最意想不到的事将酝酿于仿生的超级思维中。"[19]

目前仍处于转型初期。尽管嵌入同辈进步组织中的价值观是人类所固有的，但利用新技术来满足这些欲望的团体数量仍然较少。因为这些是我们祖先所遵循的非霍布斯式的人性化原则，其将始终比自上而下、别人最了解、闭嘴照做的组织结构更具有吸引力，也更能引起共鸣。对等网络反映了人类最深刻的价值观，在数百万个夜晚，我们极度平等的祖先围坐在火堆旁，讲故事，享受朋友的陪伴，决定明天该做什么，从而形成了这些价值观。这些超现代技术驱动的网络，在一定程度上复制并释放了我们祖先对信任、信念和相互同情的原始人类冲动，我们可能正在进入一个值得反思过去的未来。

结论

必要的乌托邦

> 对于任何非乌托邦的事物而言,现在的世界变得太危险了。
>
> ——理查德·巴克敏斯特·富勒

记者比尔·莫耶斯询问艾萨克·阿西莫夫人口激增与"人类尊严"有何关系,阿西莫夫毫不含糊地说道:"人类尊严将被彻底摧毁。人口过多,就不会有民主,不会有人类尊严,也不会有便利和体面。世界上人口越来越多,生命的价值不仅会下降,而且会消失。"[1] 有时似乎世界上的生活质量有限,而随着全球人口的持续增加,生活质量越来越差。若地球上只有1亿人口,所有人均可享有充足的淡水、鱼类、空间和能源。然而,目前困住我们的经济只能依靠增长而繁荣——即使以牺牲人类福祉为代价。无休止的增长是传统经济学和癌细胞的意识形态。

尽管迄今为止你已经读到了大量牢骚，但我对人类并非不抱有希望——这并不是说我很乐观。希望是拥抱未知和不可知的事物，而乐观则是坚信一切过去、现在或将来都好或都会好。我坚信一切过去和现在都不好，将来也很可能不会好。当然我希望自己可能是错的。在美妙的早晨，有时我会认为我们可能即将进入乌托邦时代。更为奇怪的事情已经发生。当然，冷静解读历史可知，情况在好转之前会变得更糟。我们似乎如履薄冰，一方面，经济和生态全面崩溃，常见的末日灾难层出不穷；另一方面，技术与人类生理不断融合，直到我们被自己的造物所奴役或吸收。但我认为仍有通往家园之路。我想象的未来（美好的一天）看起来很像我们祖先居住的世界——这在某种程度上是有意义的，因为许多旅程以回归起点而告终。

本书的主旨是，最为真实持久的进步形式往往建立在对过去的理解之上。荣格在《荣格自传：回忆、梦与思考》一书中写道，进步带来的改革，即采用新方法或新工具，起初当然令人赞叹，但从长远来看值得怀疑，并且无论如何都要付出高昂的代价，它们绝不会增加人们的整体满足感或幸福感。此外，倒退带来的改革往往更便宜、更持久，因为它们回到了过去更为简单且久经考验的方式。

从过去寻求对未来的指导不足为奇。人类的旷野生活经历告诉我们如何设计最佳的现代动物园。我们可能正处于几十年前还难以想象的未来的风口浪尖，在这个未来中，我们摆脱了自哥贝克力石阵被掩埋以来塑造人类历史的许多限制。

大决战的优势

> 人本质上是一种可怕的野生动物。我们对人的了解仅限于其被称为文明的驯服状态,因此偶尔会被其真正本质的爆发而震惊:一旦法律秩序崩塌、混乱随之而来,其真正的本质就会暴露无遗。
>
> ——亚瑟·叔本华

文明消逝时,我们瞥见了原始的人性。当所谓保护我们远离霍布斯式黑暗本性的威权主义结构瓦解为尘埃和混乱时,往往所有的天堂都会随之瓦解。在《从地狱中构建出天堂:大灾难中诞生的独特社区》一书中,丽贝卡·索尔尼记录了多种文化背景的人类如何应对灾难——不是通过掠夺,而是通过施以援手。在回顾了社会学文献和数百份灾难幸存者的个人陈述后,她得出结论:"灾难时期自私、恐慌或野蛮的人类形象是不真实的。"数十年来,有关人类在地震、洪水和爆炸事故中行为方式的研究表明,我们的行为与永恒进步的叙事告诉我们的期望相反。索尔尼说:"灾难有时是重返天堂的大门,在这个天堂中,至少我们成为自己希望成为的人,从事我们渴望的工作,并且每个人都相亲相爱、守望互助。"尽管这听起来像贺卡上的话语那么媚俗,但索尔尼的结论极具颠覆性。它颠覆了关于人性的主流——新霍布斯主义叙事,以及推销给我们的保护我们免受彼此伤害以及自身不文明冲动伤害的家长式制度。请记住，永恒进步的叙事数千年来一直坚称的"他人即狼"。但这是双重错误。犬科动物是高度社会化、最具合作性的动物之一，而灾难中人类的行为历史也表明，我们远非那种认为自己可以逃脱惩罚就互相攻击的残酷自私的生物。

索尔尼将灾难性叙事翻转了180度，发现"大多数地方的日常生活都是一场灾难，有时颠覆会给我们带来改变的机会"。明白她的意思了吗？上就是下，黑就是白，地震、海啸和滑坡并非真正的灾难；相反，它们是对被我们大多数人称为"正常生活"的持续不断的世俗灾难的颠覆。

这种激进观点起源于灾难研究的创始人之一，美国社会学家查尔斯·E. 弗里茨。第二次世界大战结束时，弗里茨研究了同盟国对德国轰炸行动的有效性。从那以后，他就读于芝加哥大学，并于1950年成为灾难研究项目的负责人。弗里茨并非边缘研究者，而是灾难研究的核心人物，其结论代表了灾难社会学家的正统思想。

弗里茨发现，自然（和人为）灾难将幸存的受害者从压迫性的正常状态中解放出来。"'常态'与'灾难'的传统对比几乎总是忽略或最小化日常生活中反复出现的压力及其对个人和社会的影响。"他写道，"它也忽略了历史上一贯且持续增长的政治和社会分析，这些分析表明现代社会无法满足个人对于社区认同的基本人类需求。"

弗里茨对灾难中人类自发互助的描述与正常的狩猎采集者生活有着惊人的相似之处，即"共同且广泛面临的危险、损失和匮乏催生了以群体性为主的紧密团结"。这种群体意识将个人和群体的需求融合在一起，提供了"在正常情况下鲜少能实现的归属感和团结感"。弗里茨总结道，灾难"可能是一个物质上的地狱，但却暂时性地催生了某种社会乌托邦"。

我们对亲密群体的原始渴望被构成文明生活的机制所阻碍和扭曲。从老鼠乐园到猴子山再到雷克岛监狱，社会条件可以解放社交生物的合作本性，也可以将其扭曲为混乱、愤怒和暴力。弗里茨指出了灾难幸存者所报告的"社会乌托邦"要素：群体团结、亲密沟通以及身心支持的感觉。我们的正常生活中缺乏这些感觉，并且我们极为渴望，甚至渴望到了扭曲我们思想和行为的程度。有什么疑问吗？我们对任意选择的球队或因手帕的神圣色彩而一决生死的街头帮派表示狂热拥护。我们大声疾呼部落主义：任何能够保证群体认同、相互保护甚至些许归属感的事物。我们渴求祖先每天所食之物。

如果研究灾难中人类行为的科学家确定人们在现实世界的危机中通常不会恐慌，也不会变得讨厌，那么为何媒体要不断重复这种叙事？领导科罗拉多大学自然灾害中心的灾难社会学家凯瑟琳·蒂尔尼提出了"精英恐慌"的概念，强调了永恒进步的叙事的政治功能。她说："精英人士担心社会秩序受到破坏，对其合法性构成挑战。"这种精英恐慌的特征是"惧怕社会混乱，害怕穷人、少数群体和移民，沉迷抢劫和财产犯罪，愿意诉诸致命武力，以及根据谣言采取行动"。

这种灌输开始得很早。2005年，《时代周刊》将威廉·戈尔丁的《蝇王》列为1923年以来出版的100本最佳英语小说之一。20世纪60年代以来，许多美国学校要求学生阅读这部作品。即使你从未读过这本书，你可能也很熟悉可怜的小猪在荒岛上落入几个野孩子手中的故事。《蝇王》似乎被视为人类学证据，表明如果没有成年人的管教，孩子将变成恶毒的小怪物。这是孩子们中的霍布斯主义。

1977年，一群男孩遭遇风暴，船只失事，他们被卷到了一个荒岛上，随后发生的事情证明了这一著名的虚构故事并不准确，即如果一群孩子脱离了文明的保护，任其自生自灭会发生什么。事情并未如读过戈尔丁小说的人所期望的那样，孩子们没有分裂成派系，没有在脸上涂抹战争颜料抑或杀死胖孩子。相反，他们同意团结一致，两人一组在岛上行动，以确保无人走失或独自一人摊上事故。他们建立了轮换体系，确保总有人保持清醒，等待过往船只。15个月后，两个值守的男孩发现了一艘经过的船，所有人都获救了。[2]

我们所有探索的终点

我们不应该停止探索，而所有探索的尽头都将是我们出发的起点并且生平首次了解这个起点。

——托马斯·斯特恩斯·艾略特，《四个四重奏》

反思文明社会的儿童成长过程中的"正常"残暴行为时，

人类学家萨拉·赫尔迪对人类的未来充满了好奇："当我听到人们担忧全球气候变暖、疾病突发和病毒肆虐、陨石坠落以及太阳爆炸之后的人类未来时，我感到很奇怪，即使我们坚持下去，我们这个物种还是人类吗？"赫尔迪担心，人类的生存不一定包括人性的生存。

一如既往，要么现在，要么永不。人类似乎冻结在永恒的不归路上——每一步前行都面临一个十字路口。文明曾经崩塌过——事实上，所有一切都崩塌过。但此前的文明未像我们的文明这般堕落至如此地步。之前的崩塌是区域性的，我们的文明的崩塌将是全球性的，无处可跑，无处可藏。几个世纪以来，大量的江河湖海被过度捕捞或污染，但现在我们正目睹整个海洋生态系统被摧毁。地球大气层逐渐恶化，不断刷新我们对最坏情况的理解。2015年，有史以来的最强飓风（等级为7级，原设计等级最高为5级）在墨西哥沿岸登陆。

我们生活在一个变革加速的时代，这是不言而喻的。但没有什么可以永远持续加速。放眼望去，无论前方还是后方，我们都能清楚地看到大量稳定与安宁时期的证据，这些时期让我们短暂的文明狂热相形见绌。数万年历史似乎没有任何标志性进步事件，考古学家对此一直颇感困惑。骨骼遗骸表明，在解剖学上我们的祖先是现代的，具有很强的心理能力，其大脑容量实际上比现代人要大一些，但生活并没有改变。在矛尖或箭矢、埋葬仪式、装饰等设计上，史前古器物几乎没有进步。为什么这些器物的发展会长久停滞不前呢？我认为它们并非停滞，而是已经到达目的地。如果说必要性是发明之母，那么为何我们如此难以推测他们是幸福安逸的——而不需要任何明显的"进步"呢？我们这个世界现在被习惯性地视为通往更美好未来的舞台，而关于人类悠久史前史的虚假信息无处不在，很难承认我们祖先的生活并不孤独、并不贫穷、并不肮脏、并不野蛮，也并不短暂。我们难以想象他们很乐意保持现状、留在原地，但证据显示就是如此。

回忆起自己在耶夸纳部落的岁月时，利德洛夫记得，当地女性从附近小溪取水的方式很不"理性"，她对此倍感困惑和烦恼。她写道："这些妇女一天要离开炉边几次，每次只带两个或三个小葫芦。"路很滑，单程大约要花20分钟。为什么不将营地设得更靠近河边呢？为什么不建立一个更有效的系统从小溪中取水呢？利德洛夫回忆称，这些女性经常会放下葫芦，脱下衣服，开心涉水。回想起来，很明显，每天去溪边几次根本没有问题。从进步的角度而言，重复走到溪边没有意义。但是耶夸纳人对自己的生活感到满足，利德洛夫终于明白，他们"感受不到改变自己生活方式的需要和压力"。

展望未来时，我们面临着同样令人迷惑的缺乏进步。所谓费米悖论引起了我们这个时代许多公认的天才的高度关切。恩里科·费米参与创造了世界上的首次核爆炸。其后不久的一天，午餐时，费米与洛斯阿拉莫斯的同事们在餐巾纸上做了一些计算。考虑到银河系中存在数十亿颗恒星，在生命可能出现的边缘区域有许多行星在围绕其轨道运行——其中很多恒星远比我们的太阳还要古老,他问道:"其他生命都在哪里?"鉴于统计上的压倒性可能,即生命已经出现了很多次,一旦生命出现,先进智能和技术似乎就会自然进化,为什么我们没有看到宇宙中其他生命的踪影?埃隆·马斯克、史蒂芬·霍金等人对此表示关注,静默意味着技术发展中存在固有的"巨大过滤器"。他们认为,技术中可能存在一种自毁触发器,在能够发出天空中明显不存在的信号时,该触发器就已摧毁了每种高级生命形式。它们要么引爆、毒杀自己,要么被无情的人工智能所取代。环顾我们当前的混乱局面——其中很大一部分显然是由于我们无力控制所创建的工具和系统——这些黑暗的可能性似乎并不牵强。

但哲学家詹姆斯·卡斯的一本非凡著作《有限与无限的游戏》,提供了另一种理解费米悖论的方法。卡斯提出了一种简单而强大的方式来思考人类之间的互动,并进而思考人类社会的潜在可持续性。在文明领域,大多数博弈都是有限博弈和零和博弈:有明确的规则,有赢家也有输家,每场博弈都有一个开始、中场和结尾。但生活的博弈是(或者应该是)无限的:规则由玩家制定,他们可以随时更改规则;没有赢家和输家,只有玩家;最重要的是,无限博弈的目标是不断玩下去。想一想你人生中最美好的部分:你的人际关系、创造力、性生活、梦想、冒险。关键不在于赢,而在于不断前行。一旦获胜,这场博弈就结束了。

根据卡斯的思想,我们人类轨迹的整个范围为令人不安的费米悖论提供了非末日的解释。毫无疑问，很多生命形式已经通过"赢得"有限博弈而毁灭了自己。但那些超越巨大过滤器的生命，可能在此之前早就感知到即将来临的结局。它们在为时已晚之前学到了（或记住了）智慧生命的重要教训。一顿简餐并不比一场盛宴差到哪里去。够用就行，多反而不好。"永不满足"并非生活的准则，而且完全没有抓住人生这场游戏并非以赢为目的的要点。生命的意义在于活着。继续玩，享受并延长体验。或许遥远的智慧生命没有发出信号，是因为它们意识到自己的现状和来处正是它们希望抵达之处。还有什么地方比家更好？对费米悖论的这一回应也可以解释为何地球上99%的时间里人类都过着极为相似的生活。生活曾经十分美好。很多小鸟，很多鱼类，很多蒙刚果坚果，无须"前进"或"进步"。曾几何时，我们对现状十分满意。

现在，我们正处于一个十字路口，无法回头。我为智人，即知道自己所知道的人科动物，预想了三种可能的未来。

一种是否认和愤怒。经济、生态、政治崩溃，这是一场伪装成必然的由无能、下流、贪婪和虔诚的无知所组成的不可阻挡的旋涡般7级飓风。也许我们已经走得太远，除了应对即将到来的风暴，别无他法。一旦超过一些临界点，我们是否厘清我们的行动就无关紧要了。在陷入麻烦后再出手就为时已晚了。有报道称，文明起源前就被冻结在北极永久冻土中的甲烷已开始融化，咕咕冒出海洋表面，以气态形式不可阻挡地不断上升。[3] 越来越多的科学家、环境保护主义者和哲学家认为，我们已经进入文明的末期阶段。也许现在就是闪电之后、惊雷炸响之前那令人目瞪口呆的静默时刻。

另一种则是讨价还价和沮丧。我们想要更多让我们走到这步田地的东西。针对最直接威胁，我们将不断提出临时解决方案，继续忽略长期趋势，正如人类祖先离开伊甸园来到农场后一直所做的那样。随着对地球自然环境的持续摧毁，我们将从有机起源进一步进化，通过技术改造，我们脆弱的肉体会逐一"升级"，以适应一个对生物日益有害的世界。今天是钛合金膝盖和髋关节，明天就是植入式记忆芯片和皮下 GPS（全球定位系统）定位器。随着这一进程发展到不可避免的结局，我们灵魂所遭受的持续痛苦会日益麻痹和药物化。会流泪的眼睛将被不会眨眼的电子光电探测器所取代，其"看到"的范围远远超出人类的生物视觉光谱，将看到的信息传递给乔治·奥威尔小说中描写的无所不知、无所不见的人群，我们的后代完全沦陷其中，以至于个体人类只存在于理论和被封禁的记忆中。同样，我们似乎已经沿着这条道路走了很远很远。

还有一种是承认和接受。如果从战略上将狩猎采集者的思维带入我们的现代生活，例如，用同辈进步的网络和水平组织的集体取代自上而下的公司结构，并建立无污染的当地能源基础设施，会怎样呢？如果现代智人把武器支出转移出来，将资源重新分配到全球保障性的基本收入中，激励人们少生孩子，从而通过非胁迫手段明智地减少全球人口，我们将走向接受。一旦我们走上这条道路，每一步都会让我们更接近这样一个未来，即承认、庆祝、尊重和复制人类起源与本质的未来。我认为，这是唯一的归途。

我们选择这条道路的可能性有多大？可能性并不大。但要是意识进行了足够大的转变，我们完全有能力和预算来实施这样的计划。如果说迈向未来亦即迈向过去这一想法似乎自相矛盾，那么试想一下，每个冬日我们都在更远离，同时也在更靠近夏日的温暖。启蒙运动既是一个非常进步的时期，也是对古罗马和古希腊所体现的过去的庆祝。重新设计人类动物园以反映智人的起源和本质将代表第二个更为辉煌的启蒙运动，与更为遥远的过去产生共鸣。

伟大的拉科塔族萨满布莱克·埃尔克说过："世界一切皆是圆。天空是圆的，我听说地球也是圆的，像个球，星星亦是如此。风力最大时呈旋涡。太阳东升西落，循环往复。月亮也是如此，两者皆为圆形。人的一生是一个从童年到童年的循环，也是一个圆。世间运行的一切莫不如此。"

致谢

本书从其他书中获益良多，因此，我首先要感谢那些书籍的作者，甚至（或特别是）那些观点与本书相左的人。虽然看法可能有所不同，但我们对人类遥远的过去和不久的将来等深层问题有着共同的热忱。

奇怪的是，大多数书籍的封面上只出现一两个名字，但实际上都是多人辛劳的结晶。本书的不足和错误都归咎于我，但有价值的部分要感谢我的朋友们，包括我在热心读者出版社（Avid Reader Press）的编辑本·勒嫩，我将他的巨大耐心发挥到了极致，以及我的经纪人安德鲁·斯图尔特。我的很多朋友和家人都热情地阅读（并且经常重读）过初稿。我要特别感谢卡西尔达·热塔、弗兰克·瑞安、朱莉·瑞安、贝丝·瑞安、米盖尔·罗梅罗、凯尔·蒂尔曼、约翰·史蒂文斯、克里斯·博登纳、安雅·卡兹、埃林·金德－肖、亨特·马茨、史蒂夫·赫尔曼、西莱斯特·菲利普斯、里克·穆恩、史蒂夫·黑林格、埃琳娜·阿伦戈、玛丽·史密斯、西蒙·雷克斯、叶希·佩尔、唐·米拉、奥利弗·索普和谢里尔·汉纳，感谢他们的专注阅读和精彩又不失坦率的反馈。有一次，我的这个项目难以为继，多亏娜奥米·诺伍德施救。我们花了很多时间进行调整修改。没有娜奥米的聪慧才智和慷慨相助，本书的完工或许仍遥遥无期。

注释和扩展阅读

前言　了解人类这一物种

1. 本杰明·富兰克林关于印第安人生活的诱人品质的思考来自 Walter Isaacson, *Benjamin Franklin: An American Life*（Simon & Schuster, 2003）, p. 153。

2. 达尔文第一次看到火地岛时非常震惊，可参看 1834 年 7 月 23 日写给惠特利的一封信，http://www.darwinproject.ac.uk/letter/entry-250。

3. 巴顿的名字是 Orundellico，但英国人称他为"Jemmy Button"（杰米·巴顿），因为他是以一颗珍珠母纽扣的价格被他叔叔卖掉的。参见 Nick Hazlewood, *Savage*（St. Martin's Press, 2000）, 了解这个人令人难以置信的一生，其中显然包括 30 年后带人屠杀了传教士纵帆船上的所有人。

4. 引自 Neal Gabler, *The Atlantic*, May 2016: "The Secret Shame of Middle-Class Americans," http://www.theatlantic.com/magazine/archive/2016/05/

my-secret-shame/476415/。

5. 古尔德对进步的谴责参见"On Replacing the Idea of Progress with an Operational Notion of Directionality," in M. H. Nitecki（ed.）, *Evolutionary Progress*（University of Chicago Press, 1989）。

6. 贾雷德·戴蒙德关于工业国家不一定比狩猎采集部落更好的说法来自 *Guns, Germs, and Steel*（W. W. Norton & Company, 1999）, p.18。

7. 世界末日文章指的是 Roy Scranton, "We're Doomed. Now What?," The Stone, *The New York Times*, December 21, 2015, http://mobile.nytimes.com/blogs/opinionator/2015/12/21/were-doomed-now-what/?mc_cid=8fe1d86a0a&mc_eid=f97e8b93cc。

8. Ronald Wright, *A Short History of Progress*（Carroll & Graf, 2005）是对文明如何产生和消亡的绝妙调查。

9. 乔纳斯·索尔克的这句话参见 John Durant, *The Paleo Manifesto*（Harmony, 2013）, p.28。

第一部分　起源故事

1. 引自 Rob Dunn, "Human Ancestors Were Nearly All Vegetarians," *Scientific American* online, July 23, 2012, https://blogs.scientificamerican.com/guest-blog/human-ancestors-were-nearly-all-vegetarians/。

2. 对我们史前史的惨淡描述，引自 Rutger Bregman, *Utopia for Realists*（Little, Brown and Company, 2017）。

3. Will Martin, "This chart shows every major technological innovation

in the last 150 years—and how they have changed the way we work," *Business Insider*, April 13, 2018. 没有解决的问题是经济增长和生活质量不一定同步提高。例如，在过去的一个世纪里，自动化可以说是提高生产力和经济增长的最大动力，但同时也使数百万人陷入贫困和绝望。

第1章 谈论史前史时，我们在谈论什么

1. 琼·利德洛夫关于表达"期望"的身体"设计"的想法来自 *The Continuum Concept*（Da Capo Press，1986），p.23。

2. 丹尼尔·埃弗里特关于他在皮拉罕人中生活的回忆录是一本精彩读物：*Don't Sleep, There Are Snakes: Life and Language in the Amazonian Jungle*（Pantheon，2008）。有关埃弗里特的工作和皮拉罕人的简要介绍，参见 John Colapinto, "The Interpreter: Has a Remote Amazonian Tribe Upended Our Understanding of Language?," *The New Yorker*, April 9, 2007。

3. 有关觅食社会经济学的更多信息，参见 *Limited Wants, Unlimited Means*（Island Press, 1997）。这本书主要由人类学家撰写，由经济学家约翰·高迪收集和编辑，对觅食者常见的行为和社会特征进行了出色的概述，并解释了这些特征是如何从共享的生态环境中产生的。

4. 有关悲哀的守财奴的更多信息，参见 Christian Smith & Hilary Davidson, *The Paradox of Generosity*（Oxford University Press, 2014）。

5. Christopher Benfey, "Building the American Dream," *New York Review of Books*, April 6, 2017.

第 2 章　文明及其不和谐

1. 有关尼克·布鲁克斯及其研究的更多信息，请访问 http://nickbrooks.org/。

2. 想了解贾雷德·戴蒙德关于文明相对优点的更多想法，可阅读 "The Worst Mistake in the History of the Human Race," *Discover*, May 1999。

3. 有关从觅食生活向农业过渡的更多信息，参见 Kirkpatrick Sale, *After Eden*（Duke University Press, 2006）。

4. 埃尔德雷奇的引述来自 Sale，pp. 97–98。

5. 有关哥贝克力石阵的更多信息，参见 "Paradise Regained?" *Fortean Times*, http://www.forteantimes.com/features/articles/449/gobekli_tepe_paradise_regained.html。

6. 有关当代气候变化与大约 13 000 年前发生的事情之间的相似之处的更多信息，参见 G. W. K. Moore, K. Våge, R. S. Pickart, & I. A. Renfrew, "Decreasing Intensity of Open-Ocean Convection in the Greenland and Iceland Seas," *Nature Climate Change* 5（2015）: doi:10.1038/nclimate2688, published online June 29, 2015, http://www.nature.com/nclimate/journal/vaop/ncurrent/full/nclimate2688.html, 以及 Thomas L. Delworth et al., "The Potential for Abrupt Change in the Atlantic Meridional Overturning Circulation," NOAA Geophysical Fluid Dynamics Laboratory, Princeton, New Jersey, https://www.gfdl.noaa.gov/bibliography/related_files/td0802.pdf。

7. 有关西班牙人和泰诺人之间首次互动的更多信息，参见 Howard

Zinn, *People's History of the United States*（HarperCollins, 2003）。

8. 有关美洲原住民大规模死亡如何引发小冰期的更多信息，参见 Alexander Koch, Chris Brierley, Mark M. Maslin, and Simon L. Lewis, "Earth System Impacts of the European Arrival and Great Dying in the Americas After 1492," *Quaternary Science Reviews* 207（March 1, 2019）: 13–36, https://doi.org/10.1016/j.quascirev.2018.12.004。

9. 关于女性觅食者的状况参见 Margaret Ehrenberg, *Women in Prehistory*（University of Oklahoma Press, 1990）, p. 65。

10. Charles Darwin, *The Descent of Man and Selection in Relation to Sex*（CreateSpace Independent Publishing Platform, 1871）.

11. 有关全球经济不平等是否正在改善的更多信息，参见 Jason Hickel, "Is Global Inequality Getting Better or Worse? A Critique of the World Bank's Convergence Narrative," *Third World Quarterly*（2017, http://dx.doi.org/10.1080/01436597.2017.1333414）。还可以参见 Hickel, "Exposing the Great 'Poverty Reduction' Lie," *Al Jazeera*, August 21, 2014, https://www.aljazeera.com/indepth/opinion/2014/08/exposing-great-poverty-reductio-201481211590729809.html。关于这个问题的讨论参见 David Pilling, *The Growth Delusion: The Wealth and Well-Being of Nations*（Tim Duggan Books, 2018）。

12. 有关可口可乐在印度的情况的更多信息，参见 https://www.theguardian.com/environment/2014/jun/18/indian-officials-coca-cola-plant-water-mehdiganj。下面几个网址可以找到对科恰班巴情况的一些细致入微的出色探索：http://www.newyorker.com/magazine/2002/04/08/leasing-the-

rain, http://www.ucpress.edu/content/chapters/11049.ch01.pdf, http://www.pbs.org/frontlineworld/stories/bolivia/thestory.html。

13. 尽管马尔萨斯的计算不可靠，但是在最基本和令人不寒而栗的意义上，他是正确的：人口在增长，地球却没有扩大。

14. 对霍布斯生平和所处时代的描述来自 Mark Lilla, *The Stillborn God*: *Religion, Politics, and the Modern West*（Knopf, 2007）。

15. 理查德·道金斯对让人烦躁的寄生虫等感到惊恐参见 *River Out of Eden*（Basic Books, 2008）, pp. 131–32。

16. 有关自私与群体福利相互作用的更多信息，参见 Eric Michael Johnson 的文章：http://evonomics.com/ayn-rand-vs-anthropology/#comment-2389720011。

17. 凯利对"平等主义"的解释来自 *The Foraging Spectrum*: *Diversity in Hunter-Gatherer Lifeways*（Washington, D.C.: Smithsonian Institution Press, 1995）, p. 296。

18. 几十年来，弗兰斯·德瓦尔一直在研究灵长类动物追求正义的冲动。参见 *Chimpanzee Politics*: *Power and Sex among Apes*（Johns Hopkins University Press, 2007），以及 *The Bonobo and the Atheist*: *In Search of Humanism Among the Primates*（W. W. Norton & Company, 2013）。

19. 有关给吹嘘的猎人"泼凉水"的故事来自 Richard Lee（*The! Kung San*: *Men, Women, and Work in a Foraging Society*, 1979, pp. 244–46），转引自 Christopher Boehm, *Hierarchy in the Forest*（Harvard University Press, 1999）, p.45。（之前的一段引用，来源相同。）

20. 因纽特人的平等主义出自 Kent Flannery & Joyce Marcus, *The Creation of Inequality*（Harvard University Press, 2012）, p. 24。

21. 贝姆曾写了一段话，强调他关于领导者的慷慨的观点，这段话提供了一种感觉，即在世界各地的小团体社会中普遍无私的品质是多么受到钦佩，以及新霍布斯主义者必须忽视多少学术研究才能坚持他们的"自私的渗透者"理论：

    在科达伦人中，智慧、慷慨和诚实受到重视（Teit 1930：152–153）。梅斯卡佩罗·阿帕奇酋长善于说话和思考、慷慨大方、尊重他人（Basehart 1970：99），而戈德温谈到阿帕奇时说，酋长应该有能力成为一名战士和猎人，在经济上取得成功，但也要慷慨大方、公正、有耐心，并控制自己的脾气（Basso 1971：14）。Denig（1930：449）谈到阿西尼博因人，其吝啬和异常的卑鄙受到了批评——事实上，其酋长往往是营地中最穷的人。阿拉帕霍人的领导者应该勇敢、值得信赖、愿意无私地分享食物，并具有敏锐的感觉和良好的判断力（Hilger 1952：190）。Jenness（1935：2）描述了奥吉布瓦族酋长如何用自己的资源为有需要的家庭提供帮助，或安排部落其他成员做出奉献。对于澳大利亚的宾土比人，Myers（1980）证明了酋长和长老的主要作用是照顾其他原住民。对于卡拉哈里昆申族人，Marshall（1967：38）说，其领导者并不需要太多的领导才能，而必须慷慨大方、小心谨慎，谨防太过突出。

22. Peter Bogucki, *The Origins of Human Society*（Wiley-Blackwell, 2000）, p. 77.

23. Sebastian Lippold et al., "Human Paternal and Maternal Demographic Histories: Insights from High-Resolution Y Chromosome and mtDNA Sequences," *Investigative Genetics* 5, no. 13（2014）, doi:10.1186/2041-2223-5-13. 请参阅完整电子版 http://www.investigativegenetics.com/content/ 5/1/13.

investigativegenetics.com/content/5/1/13。

24. 2008 年一篇综述文章的作者（Aureli et al., "Fission-Fusion Dynamics: New Research Frameworks," *Current Anthropology* 49, no. 4 [2008]: 628）对人类学文献进行了如下总结：

> 裂变－融合动力学是……现代人类的典型特征，包括狩猎采集者（Marlowe 2005），尽管他们通常不被明确承认。以下引述捕捉了这种明显的异常："如果注意到的话，裂变－融合社会性对于人类——包括人类学家——来说似乎是那么自然和必要，以至于它几乎不需要解释。"（Rodseth et al. 1991, 238）。我们与最近的亲戚共有这种灵活的社会性质，这表明裂变－融合动力学是黑猩猩、倭黑猩猩和现代人类最后一个共同祖先的社会系统特征。

25. 尼里·伯德－戴维的引述来自 *Limited Wants, Unlimited Means*, p.130。

26. 克罗克特的研究参见 "Most People Would Rather Harm Themselves Than Others for Profit," *UCL News*, November 18, 2014, http://www.ucl.ac.uk/news/news-articles/1114/181114-rather-harm-selves-than-others-for-profit#sthash.KBwLtz4x.dpuf。

27. 转引自 Sebastian Junger, *Tribe*（Twelve, 2016）。

28. Frans B. M. de Waal, "Morality and the Social Instincts: Continuity with the Other Primates,"2003 年 11 月 19 日至 20 日普林斯顿大学谭钠系列讲座。

第 3 章　野蛮的野蛮人的神话（向和平宣战）

1. 本节的部分内容改编自我的一篇文章，该文章最初发布于进化研究所网站，"Hobbled by Hobbed: How Chimpanzees Became Nasty,

Brutish and Short," https://evolution-institute.org/hobbled-by-hobbes-how-chimpanzees-became-nasty-brutish-and-short/。

2. 倭黑猩猩与人类的相似之处包括面对面性交、接吻、母亲在婴儿出生后不久将其传给其他女性、频繁的同性互动等。有关我们与倭黑猩猩的共同特征的更多信息，参见 Frans de Waal & Frans Lanting, *Bonobo: The Forgotten Ape*（University of California Press, 1997）。

3. 在 *Untrue*（Little, Brown, Spark, 2018）一书中，Wednesday Martin 报告了灵长类动物学家 Amy Parish 的观察结果，这些观察结果可能被解释为雌性倭黑猩猩强制与不情愿的雄性倭黑猩猩进行性互动。因此，在这个物种中，最接近"强奸"的可能是过于顽固的雌性骚扰雄性。

4. 萨波尔斯基对和平狒狒种群的描述可以在很多地方找到，包括他为 *Yes* 杂志撰写的这篇文章：https://www.yesmagazine.org/issues/can-animals-save-us/warrior-baboons-give-peace-a-chance。

5. Douglas P. Fry & Patrik Söderberg, "Myths about Hunter-Gatherers Redux: Nomadic Forager War and Peace," *Journal of Aggression, Conflict and Peace Research* 6, no. 4（2014）: 255–66.

6. 斯蒂芬·平克有一点是错的，那就是将栽培种植者误认为狩猎采集者，前者有花园、家养动物和村庄，而后者没有。贴错这一标签是非常有问题的，因为积累的财富值得为之奋斗。要了解关于此点混乱的细节及其后果，参见 R. Brian Ferguson, "Pinker's List: Exaggerating Prehistoric War Mortality" in *War, Peace, and Human Nature*, edited by Douglas Fry（Oxford University Press, 2013）, p112–31。

7. 我提到的鲍尔斯的文章是 "Did Warfare Among Ancestral Hunter-Gatherers Affect the Evolution of Human Social Behaviors?" *Science* 324（2009）：1293-98。

8. 有关哺乳动物中同一物种致死率的更多信息，参见 José María Gómez, Miguel Verdú, Adela González-Megías, and Marcos Méndez, "The Phylogenetic Roots of Human Lethal Violence," *Nature* 538（October 13, 2016）：233-37，https://www.nature.com/articles/nature19758。

第 4 章　非理性乐观派

1. 关于文明似乎不可避免地走向崩溃的学术研究，可参见 Joseph Tainter, *The Collapse of Complex Societies*（Cambridge University Press, 1990）。

2. 里德利声称现在的空气和水比一万年前更清洁，但《柳叶刀》发表了一份强有力的研究报告，表明污染是世界上引发疾病的主要环境原因，2015 年造成 900 万人过早死亡，占全世界死亡总人数的 16%，是艾滋病、肺结核和疟疾造成的死亡人数总和的 3 倍，是所有战争和其他形式暴力造成的死亡人数的 15 倍。这些死亡大多数发生在低收入和中等收入国家，以及富裕国家的贫困社区，但这些数据似乎没有包括在里德利的计算中。https://www.thelancet.com/journals/lancet/article/PIIS0140-6736(17)32345-0/fulltext.

3. 有关觅食者健康的更多信息，参见 P. Carrera-Bastos et al., "The Western Diet and Lifestyle and Diseases of Civilization," *Research Reports in Clinical Cardiology* 2（2011）：15-35。另一个极好的资料来源是 Mark

Nathan Cohen, *Health and the Rise of Civilization*（Yale University Press, 1989）。

4. 博德利的研究参见 *Victims of Progress*（Rowman & Littlefield, 2014）。
5. 有关龋齿的更多信息，参见 K. Gruber, "Oral Mystery: Are Agriculture and Rats Responsible for Tooth Decay?" *Scientific American*, February 6, 2013; D. L. Greene, G. H. Ewing, & G. J. Armelagos, "Dentition of a Mesolithic Population from Wadi Halfa, Sudan," *American Journal of Physical Anthropology* 27（1967）: 41–55; W. Price, *Nutrition and Physical Degeneration*（Price-Pottenger Nutrition, 2008）。此外，近30年来，美国人近视率激增了66%，这似乎与我们经常在室内盯着屏幕，而不去室外沐浴阳光有关。因此，声称戴眼镜是偏爱现代生活的一个很好的理由与牙科护理一样纯属无稽之谈。
6. 正如 Frank Marlowe 在 *The Hadza: Hunter-Gatherers of Tanzania*（University of California Press, 2010）中解释的那样：哈扎妇女在18岁左右进入青春期，从19岁开始一生中平均生育6.2个孩子（加上2～3次明显的流产），并在40岁出头进入更年期。婴儿通常母乳喂养大约4年。因此，在约25年的生殖周期中，大约有20年用于哺乳，4.5年用于怀孕，导致女性一生来月经不到10次。其他研究估计觅食者大约有100次月经。例如，一项基于马里多贡族57名女性的研究估计，那里的女性一生中月经次数的中位数为109次。Beverly I. Strassman, "The Biology of Menstruation in Homo Sapiens: Total Lifetime Menses, Fecundity, and Nonsynchrony in a Natural-Fertility Population," *Current Anthropology* 38, no. 1（February 1997）: 123–29.

7. 需要明确的是，我关于月经周期增加如何影响癌症发病率的讨论并不意味着我在批评激素避孕或提倡早孕，而只是为了展示现代进步可能产生意想不到的后果的方式。有关这些意外后果的更多信息，参见 Daniel Lieberman, *The Story of the Human Body*（Pantheon, 2013）。

8. 关于瓦奥拉尼人健康状况的信息来自 J. W. Larrick, J. A. Yost, J. Kaplan, G. King, and J. Mayhall, "Patterns of Health and Disease Among the Waorani Indians of Eastern Ecuador," *Medical Anthropology* 3, no. 2（May 12, 2010）: 147–89。另外参见 http://www.nytimes.com/1983/11/08/science/a-doctor-in-the-amazon-probes-for-genetic-links-to-disease.html。（尽管瓦奥拉尼人的总体健康状况惊人，但科学家报告说，他们似乎缺乏保护牙齿的酶，所以其口腔健康状况不太好。）

9. 有关昆申族饮食多样性的讨论参见 Jared Diamond, *The Third Chimpanzee*（HarperCollins, 1992）, p.166。

10. 有关世界上饥饿人口的数据来自：http://www.worldhunger.org/articles/Learn/world%20hunger%20facts%202002.htm。

11. 有关稍微饿一饿有怎样的好处的更多信息，参见 Krista A. Varady and Marc K. Hellerstein, "Alternate-Day Fasting and Chronic Disease Prevention: A Review of Human and Animal Trials," *American Journal of Clinical Nutrition* 86, no. 1（July 2007）: 7–13, http://ajcn.nutrition.org/content/86/1/7.full。此文包括卡路里限制的每个具体好处的详细参考资料。

12. 有关哈扎部落儿童死亡率的更多信息，参见 Marlowe, *Hadza*, p. 150。

13. 关于觅食者长寿的权威研究来自 Michael Gurven and Hillard Kaplan,

"Longevity Among Hunter-Gatherers: A Cross-Cultural Examination," *Population and Development Review*, May 29, 2007, http://onlinelibrary.wiley.com/doi/10.1111/j.1728-4457.2007.00171.x/abstract。

14. 着眼于灵长类动物解剖学相似性的长寿研究是指 James R. Carey, "Life Span: A Conceptual Overview," in *Life Span: Evolutionary, Ecological, and Demographic Perspectives*, edited by James R. Carey and Shripad Tuljapurkar（Population Council, 2003）。可在 https://pingpdf.com/pdf-life-span-evolutionary-ecological-and-population-council.html 在线获取。

15. 弃婴医院的数据来自 Sandra Newman，"Infanticide," *Aeon*，November 27, 2017，https://aeon.co/essays/the-roots-of-infanticide-run-deep-and-begin-with-poverty。

16. 赫尔迪的这句话参见 Eric Michael Johnson，"Raising Darwin's Consciousness: Sarah Blaffer Hrdy on the Evolutionary Lessons of Motherhood," *Scientific American*, March 16, 2012, http://blogs.scientificamerican.com/primate-diaries/2012/03/16/raising-darwins-consciousness-sarah-blaffer-hrdy-on-the-evolutionary-lessons-of-motherhood/。

第三部分　古镜映像（生而为人）

1. David Dobbs, "Die, Selfish Gene, Die," *Aeon*, December 3, 2013, http://aeon.co/magazine/science/why-its-time-to-lay-the-selfish-gene-to-rest/.
2. S. Zuckerman, *The Social Life of Monkeys and Apes*（Mellon Press, 2011）.

3. Eric Michael Johnson, "Frans de Waal on Political Apes, Science Communication, and Building a Cooperative Society," *Scientific American*, July 11, 2011, http://blogs.scientific american.com/primate-diaries/20110711frans-de-waal/.

4. Beth Mole, "'Is Curing Patients a Sustainable Business Model?' Goldman Sachs Analysts Ask," *Ars Technica*, April 12, 2018, https://arstechnica.com/tech-policy/2018/04/curing-disease-not-a-sustainable-business-model-goldman-sachs-analysts-say/?comments=1&post=35150219.

第5章 自然主义谬误之谬误

1. 有关商业顾问解释如何培养不满是一桩好生意的引用，参见 Stuart Ewen, *Captains of Consciousness*: *Advertising and the Social Roots of the Consumer Culture*（McGraw-Hill, 1976），p. 39。

第6章 生而狂野

1. 关于埃菲族成人与婴儿接触的信息来自 http://anthro.vancouver.wsu.edu/media/Course_files/anth-302-barry-hewlett/melkonner.pdf。

第7章 抚育之苦

1. Richard Schweid，在其2016年出版的 *Invisible Nation*: *Homeless Families in America* 一书中表示，美国每年有250万名儿童无家可归，与家人

一起睡在汽车里、汽车旅馆的房间里，或者挤在任何愿意接待他们的亲戚家中。一项又一项的研究表明，无家可归儿童身心均不健康，即使长大成人后，无家可归的"有毒压力"也会对其产生有害影响。尽管人们很容易将美国儿童疏于照顾视为不幸的巧合，但世界上只有两个国家坚决拒绝批准《联合国儿童权利公约》：南苏丹和美国。南苏丹可以将缺乏资金来实施对儿童的最基本保护作为借口，美国却没有这样的借口。2009—2015 年，美国的财富和无家可归儿童的数量都增长了大约 60%。一项又一项的研究表明，贫富差距与杀婴有关。美国通常被描述为世界上最富有的国家，但这个国家的母亲杀婴率为每 10 万活产婴儿中有 8 个婴儿被母亲杀害——是加拿大的 2 倍。同样，这不仅仅是贫困的结果。母亲杀婴率最高的不是最贫穷的州，而是贫富差距最大的州。例如，科罗拉多州、俄克拉何马州和纽约州的贫困妇女所生的婴儿被母亲杀害的可能性是全国平均水平的 3～5 倍。

2. 关于 ADHD 过度治疗的数据来自这篇令人心碎的文章：Ryan D'Agostino, "The Drugging of the American Boy," *Esquire*, March 27, 2014。

第 8 章 躁动的青春期

1. 凯洛格虐待儿童的叙述来自 John Money, *The Destroying Angel: Sex, Fitness & Food in the Legacy of Degeneracy Theory, Graham Crackers, Kellogg's Corn Flakes & American Health History*（Prometheus Books, 1985）。

2. Stephen T. Asma, "The Weaponized Loser," *Aeon*, June 27, 2016, https://aeon.co/essays/humiliation-and-rage-how-toxic-masculinity-fuels-mass-shootings.

3. 2018年，阿列克·米纳西安驾驶一辆面包车在多伦多一条繁忙的人行道上撞死10人，他公开对埃利奥特·罗杰表示致意，呼吁关注所谓Incel（非自愿独身者）运动，即他们两人共同的非自愿独身。

4. 关于荷兰、英格兰和威尔士性教育的研究参见 Jane Lewis & Trudie Knijn, *Oxford Review of Education* 29, no. 1（2003）: 113–50，或访问 https://doi.org/10.1080/03054980307431。Amy T. Schalet, *Not Under My Roof: Parents, Teens, and the Culture of Sex*（University of Chicago Press, 2011）比较了荷兰和美国的性教育，是另一个极好的见解来源。一些关于青少年的数据来自 Alice Schlegel & Herbert Barry Ⅲ, *Adolescence: An Anthropological Inquiry*（Free Press, 1991）。

5. 有关惠特洛克的引用参见 http://time.com/4547322/american-teens-anxious-depressed-overwhelmed/。

第9章 焦虑的成年人

1. 有关其经历的探讨参见 Jonnie Hughes, *Insect Tribe in On the Origin of Tepees: The Evolution of Ideas（and Ourselves）*（Free Press, 2011）。

2. 有关觅食者的行为如何与主流经济理论预测的相反的更多信息，参见 *Limited Wants, Unlimited Means*。

3. 马丁·古辛德的引文来自 Marshall Sahlins, *Stone Age Economics*（revised

edition, Routledge, 2013)。

4. 有关巧克力豆的研究报告参见 James Surowiecki, "Downsizing Supersize," *New Yorker*, August 13, 2012, http://www.newyorker.com/magazine/2012/08/13/downsizing-supersize。

5. 相机研究的报告参见 Itamar Simonson & Amos Tversky, "Choice in Context: Tradeoff Contrast and Extremeness Aversion, " *Journal of Marketing Research* 29, no. 3（1992）: 281–95。

6. Gary Rivlin, "In Silicon Valley, Millionaires Who Don't Feel Rich," *New York Times*, August 5, 2007. http://www.nytimes.com/2007/08/05/technology/05rich.html?pagewanted=all.

7. 有关经济不平等的腐蚀性影响的更多信息，参见 Stéphane Côté, Julian House & Robb Willer, "High Economic Inequality Leads Higher-Income Individuals to Be Less Generous, " *PNAS*, November 23, 2015, http://www.pnas.org/content/early/2015/11/18/1511536112; J. Moll et al., "Human Fronto-Mesolimbic Networks Guide Decisions About Charitable Donation, " *PNAS* 103, no. 42（October 17, 2006）: 15623–28; J. G. Miller, S. Kahle, and P. D. Hastings, "Roots and Benefits of Costly Giving: Children Who Are More Altruistic Have Greater Autonomic Flexibility and Less Family Wealth," *Psychological Science* 26, no. 7（July 2015）: doi: 10.1177/0956797615578476; Shankar Vedantam, "If It Feels Good to Be Good, It Might Be Only Natural, " *Washington Post*, May 28, 2007, http://www.washingtonpost.com/wp-dyn/content/article/2007/05/27/AR2007052701056.html; and Richard Wilkinson & Kate Pickett, *The*

Spirit Level: Why Greater Equality Makes Societies Stronger（Bloomsbury Press, 1999）。

8. 有关灵长类动物道德起源的更多信息，参见 Frans de Waal, *The Bonobo and the Atheist*（W. W. Norton & Company, 2013）。

9. Michael Lewis's essay "Extreme Wealth Is Bad for Everyone—Especially the Wealthy," *New Republic*, November 12, 2014, 或访问 http://www.newrepublic.com/article/120092/billionaires-book-review-money-cant-buy-happiness。

10. 引自 Chris Benderev, "When Power Goes to Your Head, It May Shut Out Your Heart," NPR, https://www.npr.org/2013/08/10/210686255/a-sense-of-power-can-do-a-number-on-your-brain。

11. 有关社会孤立的有害影响的更多信息，参见 https://www.campaigntoendloneliness.org/threat-to-health/。

12. 有关皮夫研究的更多信息，请参见 TED（技术、娱乐、设计）演讲：http://www.ted.com/talks/paul_piff_does_money_make_you_mean?language=en。

13. 罗布·维勒的引文见 http://www.berkeley.edu/news/media/releases/2009/12/08_survival_of_kindest.shtml。

第 10 章　善终为善

1. Ernest Becker, *The Denial of Death*（Free Press, 1997）.
2. 在 *Tangentially Speaking* 第 154 集中，你可以听到我和谢尔登·所罗

门的对话，https://chrisryanphd.com/tangentially-speaking/2015/11/22/154-sheldon-solomon-terror-management-theory。

3. 在 *Tangentially Speaking* 第 90 集中，你可以听到我和凯特琳·道蒂的对话，https://chrisryanphd.com/tangentially-speaking/2014/9/16/90-caitlin-doughty-smoke-gets-in-your-eyes。

4. 我对临终关怀的讨论来自 A. E. Singer，D. Meeker, J. M. Teno, J. Lynn, J. R. Lunney & K. A. Lorenz, "Symptom Trends in the Last Year of Life from 1998 to 2010: A Cohort Study," *Annals of Internal Medicine* 162, no. 3（February 3, 2015）: 175–83, doi: 10.7326/M13-1609; Jason Millman, "It's Only Getting Worse to Die in America," *Washington Post*, February 3, 2015, http://www.washingtonpost.com/news/wonkblog/wp/2015/02/03/its-only-getting-worse-to-die-in-america/; Amber E. Barnato et al., "Trends in Inpatient Treatment Intensity among Medicare Beneficiaries at the End of Life," *Health Services Research* 39, no. 2（April 2004）: 363–76; Craig Brown, "Our Unrealistic Views of Death, Through a Doctor's Eyes," *Washington Post*, February 17, 2012, https://www.washingtonpost.com/opinions/our-unrealistic-views-of-death-through-a-doctors-eyes/2012/01/31/gIQAeaHpJR_story.html?noredirect=on&utm_term=.e2d372214371; J. J. Gallo, J. B. Straton, M. J. Klag, L. A. Meoni, D. P. Sulmasy, N. Y. Wang & D. E. Ford, "Life-Sustaining Treatments: What Do Physicians Want and Do They Express Their Wishes to Others?" *Journal of the American Geriatrics Society* 51, no. 7（July 2003）: 961–69。

有关医生反应的图来自先驱者的研究（http://pages.jh.edu/~jhumag/0601web/study.html）; Ken Murray, "How Doctors Die," *Zocal*, November 30, 2011, http://www.zocalopublicsquare.org/2011/11/30/how-doctors-die/ideas/nexus/; Jennifer S. Temel et al., "Early Palliative Care for Patients with Metastatic Non-Small-Cell Lung Cancer," *New England Journal of Medicine* 363（August 19, 2010）: 733–42, doi:10.1056/ NEJMoa1000678; Nina Bernstein, "Fighting to Honor a Father's Last Wish: To Die at Home," *New York Times*, September 25, 2014, https://www.nytimes.com/2014/09/26/nyregion/family-fights-health-care-system-for-simple-request-to-die-at-home.html; "The Long Goodbye," an interview by Sam Mowe in the *Sun Magazine*, no. 460, April 2014; Baohui Zhang et al., "Health Care Costs in the Last Week of Life: Associations with End-of-Life Conversations," *Archives of Internal Medicine* 169, no. 5（March 9, 2009）: 480–88; and Marina Gafanovich, "End-of-Life Care Constitutes Third Rail of U.S. Health Care Policy Debate," Medicare NewsGroup, September 17, 2015, available at http://www.mynycdoctor.com/end-of-life-care-constitutes-third-rail-of-us-health-care-policy-debate。

5. 有关吉尔伯特案的更多信息，参见 https://people.com/archive/the-agony-did-not-end-for-roswell-gilbert-who-killed-his-wife-to-give-her-peace-vol-27-no-2/。

6. Ezekiel J. Emanuel, "Why I Hope to Die at 75," *Atlantic*, October, 2014, http://www.theatlantic.com/magazine/archive/2014/10/why-i-

hope-to-die-at-75/379329/.

7. Eileen Crimmins, "Lifespan and Healthspan: Past, Present, and Promise," *Gerontologist* 55, no. 6（December 2015）: 901–11.

第 11 章　神圣的缺位

1. 本章的标题借用自 Jerry Mander, *In the Absence of the Sacred: The Failure of Technology and the Survival of the Indian Nations*（Random House, 1991）。

2. 奥尔德斯·赫胥黎的引述来自 *Brave New World*（Harper, 2017）。

3. 在 *Tangentially speaking* 第 114 集中，我和吕尔曼进行了对话，https://chrisryanphd.com/tangentially-speaking/2015/3/1/114-dr-tanya-luhrmann-psychological-humanologist。

4. 如果你想了解更多有关精神分裂症和萨满教之间联系的信息，参见 Stephen Larsen, *The Shaman's Doorway: Opening Imagination to Power and Myth*（Inner Traditions, 1998）和 Roger Walsh, *The World of Shamanism: New Views of an Ancient Tradition*（Llewellyn Publications, 2007）。

5. 有关蒂莫西·泰勒案件的更多信息，参见 https://www.psymposia.com/magazine/timothy-tyler-clemency-obama-lsd/。

6. 有关鲍勃·赖利案件的更多信息，参见此处的法庭记录：http://faculty.rwu.edu/dzlotnick/profiles/longstaff_files/longstaff.html#_ftn1。

7. 有关争取批准摇头丸医疗用途的更多信息，参见 Jacqueline Ronson, "When Psychiatrists Fought Like Hell to Keep MDMA Legal," *Inverse*,

August 6, 2016，http://www.inverse.com/article/19195-mdma-1980s-court-battle-psychiatrists-versus-dea。

8. 在 *Tangentially Speaking* 第 98 集中，你可以听到我和里克·多布林的对话，https://chrisryanphd.com/tangentially-speaking/2014/11/3/98-rick-doblin-maps。

9. Dan Baum, "Legalize It All: How to Win the War on Drugs," *Harper's Magazine*, April 2016, https://harpers.org/archive/2016/04/legalize-it-all/.

10. 参见迈克尔·波伦在《纽约客》上对摇头丸和赛洛西宾研究的评论，https://www.newyorker.com/magazine/2015/02/09/trip-treatment。本节中的一些引文来自波伦的文章。另请参见他随后关于迷幻药潜在有益用途的书：*How to Change Your Mind: What the New Science of Psychedelics Teaches Us About Consciousness, Dying, Addiction, Depression, and Transcendence*（Penguin, 2018）。

11. 在 *Tangentially Speaking* 第 175 集中，我和查尔斯·约翰斯顿进行了对话。https://chrisryanphd.com/tangentially-speaking/2016/3/28/charles-johnston-former-heroin-addict.

12. 引自 Ronald Piana, "Researchers Discuss Pilot Study on Hallucinogenic Therapies for Cancer Anxiety," *ASCO Post* 6, no. 8（May 10, 2015），http://www.ascopost.com/issues/may-10,-2015/researchers-discuss-pilot-study-on-hallucinogenic-therapies-for-cancer-anxiety.aspx。

13. 有关萨默格拉德接受迷幻药的更多信息，参见 https://maps.org/news/media/6313-high-times-the-mainstreaming-of-psychedelics 或者 Michael Pollan, *How to Change Your Mind*（Penguin, 2018）。

14. 关于"上帝粒子"的逸事出自 Mark Memmott, "Here We Go Again: Has Misnamed 'God Particle' Finally Been Found?," NPR, December 12, 2011, http://www.npr.org/sections/thetwo-way/2011/12/12/143571097/here-we-go-again-has-misnamed-god-particle-finally-been-found。

15. T. V. Rajan's "The Myth of Mechanism" is from *The Scientist*, June 2001, http://www.the-scientist.com/?articles.view/articleNo/13463/title/The-Myth-of-Mechanism/.

16. 法伯的话转引自 Emily Eakin, "Bacteria on the Brain," *The New Yorker*, December 7, 2015, http://www.newyorker.com/magazine/2015/12/07/bacteria-on-the-brain。

17. 有关宗教信仰和健康的数据来自 Jeffrey S. Levin, "How Religion Influences Morbidity and Health: Reflections on Natural History, Salutogenesis and Host Resistence," http://deathand religion.plamienok.sk/files/69-HOW%20RELIGION%20 INFLUENCES%20MORBIDITY%20AND%20HEALTH.pdf。

18. Kickstarter 的信息来自 https://www.kickstarter.com/help/stats。

19. 有关涌现现象的更多信息，参见 Kevin Kelly, "Out of Control: The New Biology of Machines, Social Systems and the Economic World," https://kk.org/mt-files/books-mt/ooc-mf.pdf, p. 15。

结论　必要的乌托邦

1. 艾萨克·阿西莫夫的引述来自1989年5月26日PBS（美国公共电

视网）上 *A World of Ideas* 节目中比尔·莫耶斯对他的采访。

2. 被困在岛上的孩子的故事出自 S. Agnelli, *Street Children: A Growing Urban Tragedy: A Report for the Independent Commission on International Humanitarian Issues*（Weidenfeld & Nicholson, 1986）。

3. 关于甲烷喷发可能无法阻止的消息，参见 "Horrific Methane Eruptions in East Siberian Sea," *Arctic News*, August 13, 2014, http://arctic-news.blogspot.ie/2014/08/horrific-methane-eruptions-in-east-siberian-sea.html。